edition taberna kritika

Die edition taberna kritika wird vom Bundesamt für Kultur
mit einem Förderbeitrag für die Jahre 2016-2018 unterstützt.

Die Edition dankt

Elisabeth Wandeler-Deck
Visby infra-ordinaire
Alle Rechte vorbehalten

© edition taberna kritika, Bern (2018)
http://www.etkbooks.com/

Gestaltung: etkbooks, Bern
Coverzeichnung: Elisabeth Wandeler-Deck

Kein Teil dieses Werkes darf in irgendeiner Form ohne die
ausdrückliche schriftliche Genehmigung des Verlages reproduziert
oder unter Verwendung elektronischer Systeme verarbeitet,
vervielfältigt oder anderweitig verbreitet werden.

Bibliografische Information der Deutschen Nationalbibliothek:
Die Deutsche Nationalbibliothek verzeichnet diese Publikation in
der Deutschen Nationalbibliografie; detaillierte bibliografische
Daten sind im Internet über http://www.dnb.de abrufbar.

ISBN: 978-3-905846-48-5

Elisabeth Wandeler-Deck

Visby infra-ordinaire

listen, würfeln, finden

Mit einem Nachwort von
Florian Neuner

edition taberna kritika

Die Autorin dankt

Margrit Schenker, Komponistin; Baltic Centre for Writers and Translators BCWT; Visby International Composers Centre VICC; Stadt Zürich (Werkjahr 2017); Jacques Roubaud.

Begleitet von Jacques Roubaud mit tokyo infra-
ordinaire, Waltraud Seidlhofer mit Singapur oder
der Lauf der Dinge, Katherina Zakravsky mit
Terra incognita – Begegnungen im Treibeis

WÜRFELN (we will do this by throwing the dice)

-4

1. 25. Juli, 8 Uhr 05 im Bus 32 von Zürich-Affoltern nach Helvetiaplatz.

1.1 Auch hält einen das Rucken des Busses von stetigem Beobachten ab. Die Allee ist derart dicht befahren, dass man der Bäume kaum gewahr wird. Sie zieht sich lang und um Verkehrsknoten, dann durch schon innerstädtisch anmutende Strassen, über einen Kanal, in welchem gern gebadet wird, über einen jetzt nach starken Regengüssen zweifarbigen Fluss eine lange Langstrasse hoch und zum Helvetiaplatz.

1.2 Bei welchem es sich nicht um die Endstation handelt, sondern um einen gewöhnlichen Bushalt,

1.2.1.1 a STREETCAR named Tennessee Williams

1.3 wo gewöhnlich viele ein- und aussteigen,

1.4 die während der ganzen Betriebszeit stark frequentiert ist,

1.5 wo ich aussteigen werde,

1.5.1 Rand als das Feld der zerstörten Ränder abrutschen, abbrechen, wegbrechen, absacken, wegrutschen, einbrechen, etc.

1.6 wo ich ca. 20' Minuten später aussteigen werde,

1.7 über den Markt laufe, Nähe Stauffacherplatz mich in die Hände von Herrn Zwart begebe, ich werde zu früh da sein, ein Glas Wasser trinken, die leicht niederländisch klingende Stimme hören, über den

Markt zurück zum Bus gehen, am Markt Fisch, ein Sommergemüse besorgen.

1.8 im Volkshaus Kaffee trinken oder im Casablanca

1.8.1.1.1.1 Insert? Und wozu auch, nein, nicht hier. Ev. später etc. mal sehen. Bei Roubaud kommt diese Ebene jedenfalls bloss ein einziges Mal vor. Warum? Etc.

1.8.2 Der Rand einer Menge ist stets abgeschlossen.

1.8.3 inzwischen

2. Ich wohne nun seit mehr als zwei Jahren in Zürich-Affoltern.

2.1 ich treffe mich mit dem Kaffeehausfreund im Casablanca, nachdem wir uns früher regelmässig im El Greco sahen; ich erkläre ihm, wo Gotland liegt, dessen Hauptort den Namen Visby trägt

2.1.1 während des geplanten Aufenthalts in Visby Notizen immer auch mit Ort = Adresse mit Nennung oder Beschreibung und mit Uhrzeit „von ... bis" auszeichnen.

2.1.1.1.1 RAND. Feld von Rändern, die Frage nach möglicher Literatur, nach dem Potential dieser Begriffe, ich danke Jacques Roubaud, dem ich die Vorgehensweise entlehne, siehe dazu sein *tokyo infra-ordinaire* [1]

2.1.1.1.1.1 an fang ob SAMSTAG
und ob wind
staub kurz vor traurig
laub zu blatt was dir
mir wand

3. Es ist nicht so, dass ich dort unglücklich wäre.

3.1.1.1.1 Der gerade eben zugestiegen, den ich mir gerade eben am Bushalt Neu-Affoltern als

                    Zusteigenden ausdachte, gab Wörter im DIN
                    A 4-Format, Bestandteil, Geschenk, folgende
                    Wörter also gab als Gabe, keine Absicht in
                    bildnerischem Werk, ungezeichnet
                    Schwalbenflug, also Peter Z. mir dieses
                    gegeben, nun ich bedankte mich ein
                    Anfangen aus Gabe für Umschrift (auf Visby
                    hin)
                    ………………………….. schw/ALBEN
                    ………………………….. als auch allenfalls
                    jardinage
                    ………………………….. PLUS FluidE
                    ………………………….. en suite

taste Gluckern des Blattschaums
Bildstreifen. Kind ausserhalb, Rauch, wie also, woher, wie
Satzzeichennotiz. Wüste auslosen, was dir im Tragtuch
                    schw/ALBEN
Mücken. Wringen, hetzt Stier, freundlicher, nie? Milchstrasse
also Stier, jetzt, Lückensingen, die Sterne ein kleines
Regenlicht. Auflahmen stach vor Amen Ton nun, nun
                    als auch allenfalls jardinage
hoppla Satztrost. Fröhlicher fliest Teer
aus Flausch stob her. Bin
ein Binden in Wort um Wort bald so.
feines Was, nein Wasser, brodelt Verdrehen
des Dachwimmels Tier, funkle, meine Ankommenswut
                    PLUS FluidE
glosselnden Endes sehe grün bald so. Glosen? er ruft?
Riementanz gemäss gereiftem Winterbleibprogramm was
bist?
                    Muss kritteln dar.
Keine Leere. So, wenn Montagshaftigkeit, singen.
                    Die Beistriche.
Nieder trollt ins Endlicht. Die Blinzziegen. Schau Zartes,
Glucksendes. Seegrün wallt Rosen. Werfurt.
Moder. Sturzmond.

Gruss. Dich doch drüben hin. Gestürzt
    en suite
kein Reinnachten biss

    3.1.1.1.1.1.1   was einer so einfällt bei Ansicht: eine Technik Insert?

-3

1. 26. Juli, 5 Uhr 27, am Bettrand, Haus Blumenfeldstr. 31.

1.1 Die Jalousien leicht angestellt. Die aufgehende Sonne aus dieser Position genau zu beobachten an diesem Sommertag. Die Himmelsrichtungen mitdenken will.

1.1.1 Am Rand, am Stadtrand, ein Gebiet, als Randgebiet Gebiet eigenen Charakters, mit eigener Geschichte, die nicht meine Geschichte ist, die mit meiner Geschichte die Anschauung teilt und auch gerade nicht teilt. Da wachsen nicht Randen, die Wurzelgemüse, von welchen mir gesagt wurde, sie trügen diesen Namen, mit Fassung, so fällt mir grad ein, da man sie jeweils den Feldrändern, dem Rand des Ackers entlang angesät hätte. Und die in Deutschland zu roten Beeten werden, wiewohl sie auch da den Beeten nur den roten Rand anbieten und nicht eine überhandnehmende Röte.

1.1.1.1 Die drei Häuser sind von *pool* Architekten. Spezifizierung dazu. Gesucht Referenz auf Autorin (der Ausschreibung); Text (für das Richtfest); (diesbezügliche) Sprache etc.

1.1.1.2 Fiktion einer Erinnerung an Visby.

1.1.1.2.1 Ich bin eine Barriere und schaffe einen städtischen Raum, aha, eigener Textversuch, Zitat aus eigenem Material, muss weiter verfolgt werden.

1.1.1.2.2 *Warum?* (Georges Perec)

1.1.1.2.2.1.1 Was tun, so sie, die die andere ist, anderswo noch keine Koffer richtend, um, wie wir vorschlagen, unser Vorschlag lautet, die beiden Häuser, das Haus der Musik und jenes des Textes, in Bezug zu bringen, und es sei Schreiben gleich schon Übersetzen, wie Zsuzsanna Gahse mehrfach hervorhebt, und sei immer schon Musik, was ich bezweifle, denn was macht den Unterschied aus, ich schreibe auf, um zu keinem Ende zu kommen, da fällt mir das Wort „tapfer" ein und unterbricht mich in ein weiteres Nichtwissen hinein.

1.1.1.2.3 *Was ist hinter der Tapete? Wie viele Bewegungen sind notwendig, um eine Telefonnummer zu wählen?* (Georges Perec)

2. Ich stehe nahe der Fensterwand und blicke zum Hof.

2.1 Ich bin noch schläfrig. 26. Juli, 6 Uhr 00, Kulturnachrichten. Ich beschliesse, ab jetzt alle Notizen zu Visby ins kleine Notizbuch zu schreiben im Hinblick darauf, dass ich für die Reise möglichst wenig Gepäck will. Spezifikation dazu.

2.2 Ich stehe frühmorgens am Fenster und blicke in den Hof hinab. Ich bleibe liegen. Nachdem ich die Jalousien ausgestellt habe, blicke ich in den Hof.

2.3 Ich sehe zu, wie jemand den Hof quert. Jemand führt einen Hund über den Hof.

2.3.1 Woran dabei gedacht wird.

2.4 Das Zürcher Architekturbüro *pool*, ursprünglich eine Diskussionsplattform, gibt es seit 1998 als Architektengenossenschaft mit acht gleichberechtigten Partnerinnen, alles Männer.

2.4.1.1 Aus praktischen Gründen sind *pool* Architekten als Genossenschaft organisiert, ja, das wird in diesem Land Schweiz oft so gemacht, so wie wir nun zusammenspielen, ist es interessant, so wie wir sind, sind wir acht Menschenpersonen. Die Form der Diskussion prägt die Bauten.

2.4.1.1.1 *Du bist ausgebildete Architektin. Welche Rolle spielt dieser Hintergrund für dein Schreiben?* (Aus einem Interview von Florian Neuner)

2.4.2 Tag – Tagesablauf – Zeitspanne des Gehens – Zeitspanne der Konzentration – Zeitspanne des Notierens – Zeitspanne des Schreibens von Text → kairos / der (rechte) Augenblick (der günstige (?) Augenblick der Entscheidung bzw. die Zeitlichkeit der menschenmöglichen Handlung – des Schreibens der Wörter zu einem Text in meinem Fall); [die] *Philodoxai sind*, nach Platon, in Jacques Roubaud, *Dichtung und Erinnerung*, S. 115, *diejenigen, die gerne hören und schauen, sie haben ihren Spass an schönen Stimmen, Farben und Formen, sowie allem, was daraus besteht. Es sind Menschen, die sich um die dazwischen liegenden Dinge kümmern, um jene, die sowohl dem Sein als auch dem Nicht-Sein angehören.*

2.4.3 Woran dabei gedacht wird.

2.4.4 Es ist wie bei Hasen. Manchen Tags werden Haken geschlagen.

2.4.4.1 Dazu auch Maurice Blanchot in *Das Unzerstörbare*. Das schreibe ich nun so hin, möchte aber nicht weiterfahren in diesem Ton, auch nicht nachsehen, welche Passage mir da vorschwebte, lieber diesem Vorschweben etwas mehr Zeit geben, mich darin verlieren. Ach heute, dieser jetzige Tag, ach dieses Jetzt, am Rand des Tags, jetzt. Möchte den Einschlaf wiederfinden, möchte die aufgehende Sonne weiter beobachten, möchte ununterbrochen den Blick in den Hof gerichtet halten.

2.4.4.2 Gotland – Beispiel einer Insel, da sich Visby einfindet oder, umgekehrt, das Wort „Visby", das eine Insel sich einfinden lässt als eine Zeitkugel … in eine Zeitraumkugel, eine Raumzeitkugel, eine Raumkugel ausser Rand und Land … Schweden Finnland Russland Polen Estland Lettland Litauen Deutschland Dänemark Schweden Referenz auf Autorin; Text; Sprache.

2.4.4.2.1 also die kleinen schwarzen Punkte randvoll von nahtlos zu schwarzblau bürst also Beeren
sauerbeste ins Rauhe des Nacht also Nichthimmels
geborstener Denkrand vergesse nicht und vergesse der kleinen Scherzpunkte zärtliches ein

2.4.4.2.1.1.1 Ist das ein Vorhaben? Ins Vorhandensein in ein Hinein gerichtetes Absichtlos. Warum gibt es Zigaretten beim Gemüsehändler.

3. 26. Juli, 15 Uhr 34, am Bettrand Blumenfeldstr. 31, ein Standort.

3.1 Der Bettrand ein Standort. Composers Centre Writers and Translators Centre das Haus des Klavierlehrers mit seiner Klavierlehrerinnenfrau. Die Spezifikation dazu. Der Bettrand Fragment eines

Standortes im Hinblick auf Visby, Gotland. Wie tun. Wie das Fragmentarische tun und weshalb. Und das Würfeln nicht unterlassen.

3.1.1 Woran dabei gedacht wird: Erzählinseln, Erzählflösse, Erzählpodeste, Erzähltreppen, Erzählschäume, Erzählwolken, Erzählblitze, Erzählteppiche, Erzählstühle, Erzählräder, Erzählfähren, Erzählbäume, Erzählrhizome, Erzählmikroludien, Erzähltriller.

3.2 Der Tagesablauf mit seinen Zeitspannen als Formangebot.

3.3 Meer als Formangebot ... Dünung, Wellen, Gezeiten, Sonanzen und Resonanzen.

3.3.1.1 *Das Meer: das nicht mehr Tag noch Nacht ist sondern Zeit.* (Wolfgang Hilbig, *Matière de la Poésie*)

3.3.2 Zwei Häuser in Visby. Haus Haus Visby Visby Mensch Mensch. Haus Visby. Gotland Zwischen. Tagelanges Sitzen an Betträndern. Listen erstellen.

3.3.3 Spezifizierung dazu: Referenz auf AutorIn; Text; Sprache, warum nicht auf Frederik Sjöberg, *Die Fliegenfalle.* Über das Glück der Versenkung etc.

3.3.4 Theres Roth-Hunkeler schreibt von Schwebefliegen, von einem Autor, der das Glück der Versenkung etc.

4. Sitzend am Rand des Betts, den Blick nach Nordosten gerichtet.

4.1 Es ist Sommer und

4.1.1.1 Der Untertitel lautet *Über das Glück der Versenkung in seltsame Passionen, die Seele des Sammlers, Fliegen und das Leben mit der Natur.*

4.1.1.1.1 Zwei Häuser. Zwei Häuser aus der Sicht eines dritten Hauses. Eine Aussicht auf Häuser; sie bilden eine Stadt mit ihrem Umschwung. Sie erlauben einen Blick, der ein Meeresblick sein wird, so sie, die die andere ist und anderswo sich auf die Reise nach Zwischen, im Sommer, wenn wir sogleich abfliegen und angekommen sein werden.

4.1.1.1.2 Eine Erkundung.

4.1.1.1.3 Die Liste der Dinge, die für die Reise bereitzulegen sind, ist erstellt.

4.1.1.1.3.1.1 Die Aussenaufnahmen zu Andrej Tarkowskijs Film *Offret* entstanden 1985 auf Gotland.

-2

1. 27. Juli, 14 Uhr 31 in der Wohnung.

1.1 Es hätte die Betrachtung der Wohnung zu erfolgen. Der Türanordnungen. Der Zimmer. Die Lage des Zimmers. Die Lage der Packliste, das Papierformat.

1.2 Weitere Spezifikationen, es geht jetzt dringend um die Entscheidung, welchen Koffer ich mitnehme, ich zögere, es könnte nun eine Beschreibung folgen, doch wovon. Welcher Dinge. Da liegt manches vor, womit sich die Beschreibung befassen könnte. Über die im Zimmer verräumten Dinge hinaus.

1.3 Inwiefern das Zimmer, es liegt dem Vorzimmer an, einer Beschreibung bedarf. Es folgt die Betrachtung von Zimmern wozu. Eines Zimmers.

1.4 Und übrigens muss ich gleich in den Keller, wo die Regale mit den Koffern sind.

1.4.1.1 Lift bzw. Aufzug oder Fahrstuhl / Flur, Korridor, Gang

1.5 Dem Blick des Gastes bietet sich das Zimmer als Schlafzimmer.

1.6 Ich habe auch viel Unsinn gehört.

1.7 Ich habe auch viel Unsinn gehört.

1.8 Sagen dass. Man muss sagen dass.

1.8.1 Woran dabei gedacht wird. Es folgt keine Zimmersicht.

1.8.2 Das Fenster, sofern jemand Fenster sagt, verschafft bei eingeschalteter Beleuchtung Bewohnern eines gegenüberliegenden Hauses Einblick in das Zimmer.

1.8.3 Das Zimmer wird natürlich mehrheitlich als Schlafzimmer zu verstehen oder wenigstens zu bezeichnen sein.

1.8.3.1 Eine Liste bietet die Möglichkeit, die unterschiedlichsten Textformen ordentlich unterzubringen, ohne ihnen eine narrative, sprachliche, zeitliche, räumliche etc. Linearität aufzwingen zu müssen.

1.8.4 Umberto Eco, *Vertigine della lista.*

1.8.4.1.1 Was auf der Packliste steht. Die unendliche Liste, so Umberto Eco. Die Packliste. Das Kopftableau.

1.8.5 Im Regal lagern die Koffern.

1.8.6 Was auf der Packliste steht.

1.8.6.1 Die Geräte. Klapprechner mit Zubehör. Handy mit Zubehör. Fotoapparat mit Zubehör.

1.8.6.2 Die beiden Würfel fürs Würfeln.

1.9 Und wer ist denn nun Charlie, wenn.

1.9.1.1 Die Fussbekleidungen. Schuhe. Feste Schuhe für Spaziergänge. Schlappen. Leichte Sommerschuhe, denn es ist Sommer. Strümpfe (lange, kurze, kleine, dünne, dicke) (schwarze, hautfarbene, dunkelblaue, hautfarbene). Keine Fussbekleidung, wenn gehen am Strand (Visby grenzt an die Ostsee; den Strand oder das Ufer bilden Kiesel, grosse Kiesel, faustgrosse Kiesel, das entnehme ich Margrit Schenkers Fotografien vom Vorjahr). Ich denke an das Gehen auf Kieseln, ich kenne Gehen auf Kieseln vom Gehen am Ufer der Picardie bei Cayeux sur Mer mit Nicole Castagnez, die voriges Jahr bei Paris verstarb, da wäre noch manches dazu zu sagen, auch zu anderem Gehen auf Kieseln weshalb; ich habe sie nicht mehr gesehen). Sollen nun die andern Dinge aufgelistet werden. Sommerdinge. Sommerbekleidungsdinge. Eigene Textversuche. Zitat.

1.9.2 Der Sommer als Liste. Der Sommer als tabellarischer Raum.

1.9.3 In der Geometrie versteht man unter einem Vektor ein Objekt, das eine Parallelverschiebung in der Ebene oder im Raum beschreibt. Eine Verschiebung kann durch einen Pfeil, der einen Urbildpunkt mit seinem Bildpunkt verbindet, dargestellt werden. Pfeile, die parallel, gleich lang und gleich gerichtet sind, beschreiben dieselbe Verschiebung und stellen somit denselben Vektor dar.

1.9.3.1.1.1   Insert

2.   27. Juli, 17 Uhr, Koffer.

2.1   Spezifikation dazu Situation: Zimmer, aufliegt die Packliste (die Würfel nicht vergessen – Würfeln als poetologisches Prinzip?)

2.1.1   Ich wende mich den bereitgelegten Dingen und dem offenstehenden Koffer zu.

2.1.2   Es folgt das Packen des Koffers.

2.1.2.1   Und zwar nicht in Kleinschreibung, wie sie Jacob Grimm in der zweiten Fassung seiner Deutschen Grammatik favorisiert hatte *die groszen Buchstaben heben die Neutralität und Gleichheit aller Wörter in dieser Republik auf, führen einen unbegründeten Adel ein.* (NZZ, 28.11.2015, Sieglinde Geisel zum *Grimmmuseum* in Kassel)

2.1.3   Wetter Zürich 27. Juli gemäss Wetterflash „Blick" auch Wolken, Regengüsse, Temperaturen von 23°C maximal. Wie wird das Wetter in den kommenden Tagen auf Gotland sein.

2.1.4   Es erfolgt das Packen der Tasche. Es folgt dem Kofferpacken. Ich folge den Listenpunkten. Die Liste liegt auf.

2.1.4.1.1   Je referme mon carnet (Jacques Roubaud in tokyo infra-ordinaire)

2.1.4.2   Die Besucherin nimmt kurz Einblick in das, wiederum gleiche, Zimmer, die Gelegenheit ergreifend, einer offenstehenden Tür zwischen senkrecht dazu stehender Wand, ein Durchlass, in der Form eines liegenden Rechtecks lässt erkennen, dass es sich bei der scheinbaren Wand um die Rückseite eines Küchenkorpus handelt, und steiler Treppe zum Dachgeschoss, wo selbst möglicherweise ein Gartenraum, sie spricht

Gertenraum, doch welcher Art Gerten sie damit
verband, sie äussert sich nicht zum Versprecher,
nicht gleich, später möglicherweise, an der
Küchenrückwand also zum Vorzimmer hin
verspricht sie sich Aluminiumkoffern mit
technischem Gerät, Vermutung einer Gewissheit,
dass das Vorzimmer kein Zimmer, verläuft sich in
Weiterungen, Besuche, Bewohnerinnen, wo wird
gegessen, gesprochen werden, etwas, das Küche
heisst, etwas, das dem Essen Raum gibt, dem
Sitzen, ein Eingangs- auch Spiel- und
Durchgangsbereich, Erschliessung einer Flucht,
Gebrauchsspuren, Kratzer, Handabdrücke eher
nicht, Schleifspuren von schwerem Gerät,
Abdrücke, möglicherweise von Metall, Stangen?,
das Vorzimmer ein Raum eigenen Charakters, wie
auch immer, Unort, den Musikinstrumenten eine
Sorgfalt entgegengebracht, auch beim
Verschieben, in das Zimmer, wo die Besucherin
das Bett stehen sieht, links die Kommode,
geradeaus den Schrank, das offene Gestell, rechts
von der Tür, den Sessel, den Überseekoffer aus
Blech (Blechkoffer; französisches Militär), sie
staunt, das Fenster, was ein Fenster wäre,
Leibung, Brüstung, Klapp-, Kippflügel, eine
raumhohe Verglasung, nimmt die ganze Breite
der Aussenwand ein. Nein, als eine Fenstertür
(französisches Fenster) kann so etwas nicht
durchgehen.

3. Ich setze mich auf den Blechkoffer und denke über das Leben nach. 27. Juli.

3.1.1   Woran dabei gedacht wird. Zum Beispiel an
Kleinschreibung, wie sie Waltraud Seidelhofer etc.

3.2 Und übrigens muss ich gleich in den Keller, wo die
Koffer lagern.

3.2.1.1 Fünfzehn weiss gestrichene Türen unterbrechen die gleichmässige weiss gekalkte Fläche der Kellerflurmauern. Sechs Leuchtröhren, die in der Längsachse an der gleichmässig weissen Flurdecke angebracht sind, geben genügend Licht, um sich für die kurze Zeit des Aufenthalts während des Gangs zum Kellerabteil am Ende einigermassen wohl zu fühlen.

3.2.1.2 Rechterhand geschlämmte Mauersteine, die Stossfugen schmal ausgeführt, die Lagerfugen, wie es sich gehört, etwas dicker, um während des Aufmauerns Ungleichheiten der Steine auszugleichen, die dünne Kalkschicht lässt die Fugen sehen, verhindert jedoch einen Rückschluss auf das Material. Die Wand links in Beton gegossen, saubere Arbeit, eine Tragwand gewiss, die Struktur leicht porös, jedoch dominierend sehr glatt, resultiert aus dem Einsatz von Stahlschalungen, man denkt sich das so nach eingehender Betrachtung.

3.2.1.2.1 *das haus steht am rand der stadt, genauer gesagt* (Waltraud Seidlhofer)

3.2.1.3 Eine Taube sitzt auf einem Zweig und denkt über das Leben nach.

3.2.1.4 Es ist Sommer.

3.2.1.5 Es ist Sommer, ich stehe am Fenster. Ich sage Fenster, als ob Fenster mehr aussagte als Glaswand. Ich sage Fensterwand. Ich stehe hinter dem Fenster und sehe hinter einem ebensolchen Fenster des gegenüberliegenden Hauses eine Person winken.

4. Ich sitze mit dem Rücken gegen das Fenster auf dem Blechkoffer und denke über das Leben nach. 27. Juli.

5. **Es hat Nebel. Bin am Fotografieren.**
6. **Ein Storch geht. Es ist so.**

6.1.1.1 Ein Storch fliegt auf als einer oder als einer von zweien. Die durch das Baugespann vorgegebene Kontur des zu kommenden Schulhauses ist jetzt exakt ausgefüllt durch den Rohbau der künftigen Aussenwände des späteren Schulhauses. Ich sehe mehrere Störche über der Baustelle kreisen. Das Haus steht am Rand der Stadt. Es ist Element des Randes der Stadt. Der Baukran erhebt sich diesseitig des Baugebiets, der erste, rote, der spätere, der gelbe, aus der Ostseite desselben. Ein weiterer, blauer, wird mit Hilfe eines Pneukrans aufgebaut (Pneukrane mieten: Unsere Kranflotte besteht aus modernen Kraftpaketen mit Hubkräften von 5 bis 500 Tonnen. Dazu gehört auch der stärkste Pneukran der Schweiz. Diese Kraft, vereint mit der Erfahrung unserer Kranführer, bewegt einiges.) Man baut den ganzen Tag über einen dritten Kran auf, Element um Element. In regelmässigen Abständen aus verschiedenen Blickwinkeln.

6.1.1.2 Während ich hinter mir auf der Kommode die ausgebreiteten Kleidungsstücke weiss, sehe ich vor mir auf der Wiese einen Storch gehen, Ich sieht einen Storch gehen, ich sehe zwei Störche gehen auf der Wiese, von der ich weiss, dass sie nicht mehr ist. Ich sehe in grammatischer Gegenwart die Baugespanne, ich sehe, wie die Wiese ausgemessen wird, ich sehe die Metallstangen für die Baugespanne auf der Ladebrücke, ich sehe die zwei Störche im Lichtraum des zu kommenden Schulhauses gehen. Ich stehe hinter dem Fenster. Ich sage Fenster und meine Vollverglasung. Ich stehe hinter Glas und stelle mir die für die Reise ausgelegten Dinge vor. Die Kommode in meinem Rücken stammt aus dem Jahrhundert der Eltern der Eltern der Eltern. Ich sehe einen Storch abheben von einer Wiese als einer Wiese als einer Baugrube die Wiese auch ein Gestrüpp mit allerhand Überresten und mit wilden Rosen die Wiese eine Erinnerungsspur. Ich sehe, wie ein Storch seine Flügel anhebt und auffliegt. Ich sehe den Vogel über der Wiese über der Baustelle über den Kranarmen als einen Storch als einen und einen Storch, vielleicht sind es zwei Störche, zu zweien.

6.1.1.3 Durch das Fenster, das kein Fenster, eher eine Glaswand, schaue ich aus der Höhe des sechsten Stocks schräg hinab über den tiefliegenden Hofraum und den Sattelschlepper mit den Kranelementen zur Baustelle und sehe den Bauarbeitern zu, wie sie ihre Bewegungen ausführen, die ihre Tätigkeiten erfordern.

7. 27. Juli, 17 Uhr 32.

7.1.1 Keine Sache, dies Schichten der Bekleidung in den Koffer.

7.1.1.1.1 *Sagen, dass. Muss man sagen, dass. Aber. Aber natürlich. Muss man sagen. Sagen! Sagen! Sagen! Sagen, dass.* (Gébé)

7.1.1.2 Das Licht im Kellerraum schalte ich aus. Ich ziehe den Schlüssel ab. Als ich mit dem Koffer das Kellerabteil verlasse, liegt der Korridor dunkel. Der Bewegungsmelder reagiert erst, nachdem ich, den Koffer schwingend, einige Schritte im Lichtlosen tue. Auch ohne irgendetwas sehen zu können, bewahre ich das Gleichgewicht. Die Tür vom Stiegenhaus zum Kellergang ist einseitig dunkelgrau, anderseitig weiss gestrichen. Vom Kellergang aus ist die Tür nur dadurch von einem

Zugang zu einem Kellerabteil zu unterscheiden, dass sie keine Wohnungsnummer trägt. Die Untersicht der Treppenflucht durch die acht Stockwerke, vom zweiten Untergeschoss bis zum obersten, dem sechsten Stock, ist weiss verputzt. Die Geländer aus geraden, weiss gestrichenen Stäben ziehen sich durch das ganze Volumen bis zuoberst. Ich greife nach dem Handlauf. Sein Querschnitt wie derjenige der Gitterstäbe rechteckig, etwas breiter als die senkrecht stehenden Stäbe, die Dicke müsste ich nachmessen, wollte ich das Geländer für eine Reproduktion, die jedoch nicht ansteht, exakter haben.

-1

1. **28. Juli, 06 Uhr 13 in Gedanken bereits an Bord, aha.**

1.1 Mit meinem Koffer geht das Tableau auf die Reise, solange mein tabellarischer Raum als solcher sich mir noch nicht entdeckt hat.

1.2 Es sind die Körper, es kommen Ränder ins Spiel … die ausgewählten Fotos im Voraus darauf hin betrachten.

1.2.1.1 Lift bzw. Aufzug oder Fahrstuhl / Flur, Korridor, Gangway, Reling

1.2.2 Woran dabei gedacht wird. Es folge keine Kabinennutzung. Sitze ich bei den offenen Koffern, überlege ich weiter die Reise. Ich schliesse den Kofferdeckel. Er lässt sich leicht schliessen.

1.2.3 Bullaugen?

1.3 Das Foto zeigt, wie sich dem Blick des Reisenden vom Oberdeck nach der Ausfahrt aus Nynäshamn eine eindrückliche Schau auf Inselscharen bietet. Schären, präzisiert sie, die die Reise nicht zum ersten Mal unternimmt. Vielleicht Schären?

1.3.1 Zum Vektor gehört auch die Abtrift. Als Abdrift oder Abtrift (holländ. drijven = treiben) bezeichnet man ein seitliches Versetzen (Abtreiben) von Wasser- oder Luftfahrzeugen, also eine Abweichung vom angestrebten Kurs. → Abtrift / treiben als Textgenerator. Die Erstklasskabine wird treuherzig als Schlafkammer verstanden oder wenigstens als solche zu bezeichnen sein. Nicht für uns, bei derart kurzer Überfahrt.

2. 28.07.2014, Situation Flughafenbar ca. 8 Uhr 30. Ich fotografiere zum ersten Mal auf dieser Reise.

2.1 Die Anordnungen begleiten uns, die wir eine und eine sind, wir zählen, Anordnungen von Dingen in Regalen.

2.1.1 Das Wort „Bar" hebt sich vom polierten Grund kaum ab. Die scharfen Ränder der Buchstaben heben sich vom Grund kaum ab. Dennoch bildet der Rand jeden Buchstabens den Buchstaben in seine Lesbarkeit ab. Es ist noch Zeit. Das Foto zeigt das Wort „Bar" als Element des Sockels der Theke einer der Bars, dort, wo Menschen auf den Moment warten.

3. Der Flughafen von Zürich ist gross, weniger gross aber als das Gebiet, betrachtet von oben, vermuten lässt. Intercity-Züge und S-Bahnen unterfahren ihn und halten an. Wir benützen an diesem 28. Juli

aus Versehen nicht dieselbe S-Bahn. Auf den Zwischenflächen weiden zeitweise Schafe.

3.1.1 Den Rand bildet das Feld der ersten Fotos auf der nun eben begonnenen Reise nach Visby.

3.1.2 Ebenso bilden die Körper, seien sie nun Menschenkörper oder Einrichtungsgegenstände, die Ränder der Räume, die auf den Fotos ihre Lichterinnerungen deponieren, von welchen zu erzählen wäre. Später vielleicht.

3.1.3 Ich ist Innenraum zum Aussenraum von Ort. Figur des Orts. Kann Ort Figur sein. Kann Ort figurieren.

3.1.4 Den Begriffen „Figur" und „figurieren" nachgehen. Falz um Falz je.

3.1.4.1 Text; Sprache. Sprachen. *En duva satt på en gren och funderade på tillvaron.*

3.1.4.2 Referenz auf schwedischen Autor. Nicht jetzt. Doch, jetzt, Frederik Sjöberg. Nein, nicht. Noch nicht. Denn mit meinem Koffer geht das Tableau auf die Reise, solange mein tabellarischer Raum als solcher sich mir noch nicht entdeckt hat. Denn die Anlehnung an Catherina Zakravsky bietet sich sogleich an, Terra incognita, Begegnung im Treibeis. Es ist Sommer, was wäre dann wo an Treibeis zu sichten. Treibeis, treibe, drifte, singe. Die Reihe der Dinge in den aufgereihten Regalen, die Reihe der Gesichter, schwimmen den Spiegelungen entlang.

3.1.4.2.1 „das mädchen blickt hinein in einen raum der grösser ist als die hansestadt in ihren augen ein segelschiff auf der blauen sehnsucht vertrauen im lächeln der mund halb geöffnet was kann alles mit dem nordseewind hineinkommen" (Yoko

Tawada, „eine fernaufnahme aus der nähe", in: Abenteuer der deutschen Grammatik S. 33)

3.1.4.2.1.1.1 (diese Ebene kommt bei Roubaud nur 1x vor)

4. 28. Juli, eine Art früher Morgen, keine Warteschlangen, noch keine, Pfosten spannen eingehakte Bänder, die Wege sind genau und leer. Sowie die gereihten Schalter. Früher Morgen.

4.1 Es liessen sich Anordnungen aufzählen, von Dingen in Regalen. Genau!

4.1.1 Die Dinge halten in den Regalen den Platz, während sie anscheinend nie weniger werden. Ihre Namen in den Listen der Zuständigen begrüssen diese zu Arbeitsbeginn. Wir sind zu zweien.

5. Fragment eines Standortes im Flughafen, es gibt davon kein Foto.

5.1 Jedoch.

5.2 Stelle mich an. Nach der Suche nach dem Schalter stellen wir uns an.

5.3 Wir stehen an, um einzuchecken. Es ist noch Zeit.

5.4 Eine weitere Spezifikation vielleicht, es ist noch Zeit.

5.5 Es ist noch Zeit.

5.5.1 Woran dabei gedacht wird. Nur keine Panik.

5.5.2 Allmählich beginnen diejenigen Körper, die die Körper vertreten, ihre Umrisse zu dehnen, während ihre Volumina. Obgleich. Zu zweit stehen wir hintereinander neben und vorn als viele.

5.5.3 Zeitverschränkung, alle Achtung, die. Mit dem Und ins Verschränken von Etwas von Liebst. Welches Foto zu welchem Standort finde ich im dem Datum entsprechenden Ordner, der auch als ein Schrank bezeichnet werden kann. Visby-Roubaud-Schrank? Durch Bindestriche getrennt die Namen. Ein fröhliches Verbinden, heute? Welche Fotos öffne ich am Bildschirm.

5.5.4 Welches Foto öffne ich heute am Bildschirm, heute Nachmittag, an Bord.

5.5.4.1 Spezifizierung dazu. Ich spezifiziere. Zum Vektor gehört auch die Abtrift. Als Abdrift oder Abtrift (holländ. drijven = treiben) bezeichnet man ein seitliches Versetzen (Abtreiben) von Wasser- oder Luftfahrzeugen, also eine Abweichung vom angestrebten Kurs. → Abtrift, treiben als Textgenerator. Der Film kam erst nach unserem Aufenthalt in Visby in die Kinos. Vektoren des Films. Genauer also.

5.5.4.1.1 „Mit den Füssen stimmt etwas." So Farhad Showghi.

5.5.4.1.1.1 Sie kann Gras mähen. Müllermilch, genau! jetzt, jetzt aber gleich, die Deklination durchziehen *selon* J. R.

5.5.4.2 eigener Textversuch als Apposition, wie meinst du das.

5.5.4.2.1 *Ein Luftwechsel, irgendetwas, alles war besser. Und konnte es irgendwo frischere Luft geben als in Visby auf der Insel Gotland? Gesagt getan. Der Junge wurde, elf Jahre alt, in Begleitung eines Kindermädchens eingeschifft. Erst fünf Jahre später zog er nach Hause zurück, kerngesund und mit einem leidenschaftlichen Interesse an*

> *Naturwissenschaften, Archäologie und Kunst.*
> *Die allgemeine Lehranstalt Visby scheint*
> (Frederik Sjöberg, *Der Rosinenkönig oder*
> *Von der bedingungslosen Hingabe an*
> *seltsame Passionen*, übersetzt in die deutsche
> Sprache von Paul Berf, den ich ein dreiviertel
> Jahr später in eben dem Haus in Visby als
> Zimmernachbar kennenlernen sollte)

5.5.4.2.1.1.1 Insert (diese Ebene kommt bei Roubaud nur 1x vor)

6. An der Kante stehen die Busse. Es stehen keine Busse da, an der Kante, bei den Zeichen. Ein Bus fährt ab. Busse setzen zur Abfahrt an. Der Bus vom Bahnhof weg trägt von Stockholm nach Nynäshamn. Die Schnellbahn trägt nach Stockholm.

6.1 Sagt sie, die sich auskennt. Sie, die den Bus ein Jahr früher bestiegen hatte. Sie kennt den Ablauf. Spezifikation dazu.

6.1.1 Am Nachmittag. Wann? Wann am Nachmittag?

6.1.2 Wann denn? Wo habe ich den Ausdruck hingesteckt?

6.2 Spezifikation dazu: Die Schnellbahn trägt nach Stockholm.

6.2.1 Was man wissen kann.

6.2.2 Woran dabei gedacht wird.

6.3 Spezifikation dazu: Woran dabei gedacht wird.

6.3.1 D.h. ich konnte höchstens von den Dreharbeiten gewusst haben.

6.3.2 Woran dabei gedacht wird.

6.3.2.1.1　*En duva satt på en gren och funderade på tillvaron* (Roy Anderson)

6.3.3　Bzw. im Zeitpunkts des Schreibens weiss ich davon, habe ich mich mit dem Film befasst. Woran da eben ein Dabei gedacht. Dabei an folgendes gedacht wird. Es wird gedacht. Daran wird ein Dabei abzulesen sein. Woran denn. Woran denn dabei gedacht wird. Dabei ein Woran zu sagen sein wird ein Voransprechen. Im Zug lesen wir sie und ich und wie jene andern mit Koffern und Taschen gegen die Aussenwand des Zugs wir wenden uns um und um, bis wir durch den von den Rücklehnen der besetzten Sessel und den leichten Sommerjacken und Regenmänteln nicht abgedeckten Rändern der Zugfenster die Hügel, die Kiefern, die Büsche, die Wegweiser mit den schwedischen Ortsnamen, mit den bis auf Stockholm noch nie gelesenen Namen, sie und ich also beide und gleichzeitig essen und sagen in versuchtem schwedischem Tonfall, den sie vom Hören und vom Ausprobieren kennt, nun fährt der Zug ein.

6.3.3.1　Der Bus zur Stadt führe längst Friedhofsmauern entlang. Der Bus, erläutert sie, der Bus, den wir nicht nehmen, der Flughafenbus, wie alle Busse dieser Linie, befahren regelmässig diese vier- oder sechsspurige Hauptverkehrsstrasse, täglich vielfach, sie fahren der Friedhofsmauer lange entlang, der sehr langen Friedhofsmauer.

6.3.3.2　Der Reiseführer enthält wenig Information zur Stockholmer Verkehrsplanung. Spezifizierung dazu: eine Referenz auf Autorin, Autor fehlt meistens. Verlag, Jahr, Ort.

6.3.3.3　Information als Text lesen; Sprache genau dieses einen Reiseführers, in welcher Empfehlungen gefasst sind, auf die ich mich im Gespräch beziehe.

6.3.3.3.1 Zitat.

6.3.3.4 Weiterführende Literatur kann gefunden werden.

6.3.3.4.1.1 Eigener Textversuch, nachdem der Zug abzubremsen beginnt, ohne Schrift.

6.3.3.4.1.1.1 Insert (diese Ebene kommt bei Roubaud nur 1x vor)

7. Die Bar mit den Speisen liegt in einer Nebenstrasse.

7.1 Von weitem.

7.1.1 Es ist Sommer.

7.1.2 Es ist Sommer, ein Sommermittag, helle Sonne. Eine und eine schaut sich um.

7.1.3 Zu dieser Zeit „Jetzt" ist in Stockholm nichts beizufügen.

7.2 Kleine Tische. Bistrotische, die kleinen Sessel, es ist noch Zeit.

7.2.1.1 Hinter der Theke die junge Frau, sie hört hin. Sie erkennt das Wort für Krabben. Ob wir französisch sprächen, sie spricht französisch zu uns. Sie spricht von Havanna her ihr schönes Französisch, während sie hier schwedisch lernt. Sie spricht nicht schwedisch zu uns.

7.3 Genau!

7.3.1.1.1 Ein Zitat, nein, kein Zitat.

7.3.1.1.1 Ich sage einen Tag in Stockholm im Herbst des Sommers, da ich in Helsinki war. Das

Jahr trug den Namen 1961. Die Jahrzahlen sind mir Jahrnamen. Sie kennt das alles.

7.3.1.1.1.1.1 Der weisse Wal ist bereits erlegt. Das Zerlegen beim Schlachtplatz geht voran. Die Tage in Tromsø dauern länger, das weiss jeder im Sommer. Das wissen die Nordsamen, wenn sie nach Romsa und nicht nach Rovaniemi auf Einkaufstour gehen. 1252 wurde die erste Kirche in T. erbaut. Damals entstanden Kirchen in Holzbauweise. Man mag sich in Norwegen eine verschwundene Stabkirche vor Augen führen, im zwölften Jahrhundert aufgerichtet die Stabkirche in Nore, mit Bauelementen aus Holz, im 12. Jahrhundert gefällt, man mag zu einer anderen Gelegenheit andernorts in Norwegen eine Stabkirche besichtigen oder das Stichwort eingeben, um am Bildschirm eine Anzahl Fotografien zu betrachten. Auf Gotland wurden zur selben Zeit ebenfalls Kirchen erbaut. Die Winter auf Gotland sind nicht sehr dunkel, verglichen mit den Wintern in T. das hat nichts mit den Unterschieden zwischen Schweden und Norwegen zu tun. Die Steinkirchen auf Gotland können nicht immer besucht werden. Gotland ist reich an Kalksteinbrüchen, davon profitiert die Zementindustrie.

8. Am 28.07.2014 herrscht in Visby richtiges Hochsommerwetter.

8.1 Wie in Stockholm,

8.2 Von weitem. Wien in Stockholm. Gewiss nicht Wien, WISBY als eine andere Schreibweise.

8.2.1.1 Über der Ostsee, die auch eine Baltische See genannt eine schöne und verbindende See, wir rufen das, wir teilen das einander mit, wir sind die Mitreisenden, sagen wir einander, sagen von einander sie und sie, sie mir eine Sie, ich ihr eine Sie, duweise, duzend, eine schöne Duweise intonieren ein mögliches Wir wir wir sonnen uns je und je wir als zwei und als je eine aus einer Zwölferreihe aus Du und Du auf der Mittagsseite des Fährboots, je nach Fahrtausrichtung, wenden, die Fähre wendet, richtet sich aus, Sonnenuntergang, die Küste scheint sich zu entfernen, Land in Sicht, hätten einige gerufen, zwischen Buchseiten, eine Küstenlinie, falls Felsabbruch, falls sachter Kiesstrand, was sehen wir schon, sie und sie, ich weniger als sie, sie hat Kenntnis, wir erblicken schon manches, sie mehr, sie erkennt manches wieder, sie kennt das alles schon, die mir eine Sie, jetzt, im Notieren, aufzeichnen, sie kennt die Ankunftszeiten der Fähren, unserer Fähre,, sie weiss sie", jetzt, ich blicke auf die Uhr, das Display, die Anzeige bei Exit, 22 Uhr ca. und eine angenehme Ostsicht, dämmerdunkel, hell bestrahlt etc. die hochgereckte Ausstiegsbrücke, ich staune sie an. Wir schauen uns an sie und sie und auch einige der Passagiere erschauen einander auch Kinder und Frauen, dieser Unterschied zählt auf hoher See, genau, ruft es aus zwischen den Seiten hervor des Abenteuerromans, welches, das muss erfragt. Sein. Sein. Sei Seiniges meinig.

8.2.1.2 Von weitem. Wie von weitem schon. Von weitem her also von oben von sehr weit oben schon im Sinkflug schon hinab auf eine als Meer

erkannte Unterfläche, ein grosses Flach, da etwas
Hellgrün, Schlieren von weitem in ein Tiefes,
Bänder, Schlaufen, Einschlüsse im Volumen,
dem so erschauten Meereswasservolumen,
wolkig, ein gelblichgrün Wolkig.

8.2.1.3 Was man wissen kann, was man von weit oben
her wissen kann, man kann die Härte einer
Wasserfläche wissen, man kann von der Härte
im Falle eines Aufpralls wissen, die ein
Zerschellen, man kann ein Zerschellen wissen.
Ein Zerschellen am Widerstand des Wassers
kann eintreten. Man möchte es nicht
ausprobieren. Nie. Vielleicht nie.

8.2.1.4 Das Meer nur kleinteilig bewegt das Meer nur
unmerklich bewegte Wasser wenig Dünung
zwischen Festland um 18 Uhr 30 legt die Fähre
ab zwischen Festland und Insel ins Wasser
scheinend Sonnenabgang so gegen 21 Uhr an der
Reling dem Abend zusprechen eine weitere
Zigarette es ist Sommer und Nordwesten der
Rand der Fähre von Deck aus tack så mykket und
dann weiter in schwedisches Sprechen hin nach
ü-Lauten zu lauschen begonnen die schönen
Überklingwörter belauern.

9. Fragment eines Standorts „Fähre", Grundversuch Zitat.

9.1.1.1.1.1 siehe Material zu dieser Nummer, Bezug auf
Seidlhofer; die Fotos einbeziehen; das Wort
„Fähre", „Ferry", Schiffsfachsprache:
Freibord, Reling, Deck, Innendeck

9.2 Sonnenuntergang genau 21:10. Ende der
bürgerlichen Dämmerung 22:04. Wir warten das
Ende der nautischen Dämmerung nie ab, wir kennen
sie nicht. Fragment eines Standortes, der hier ein
Zeitfeld einnimmt. Fragment eines Zeitfelds.

9.2.1 Wir fragen nach.

9.2.1.1 Spezifizierung dazu.

9.2.1.1.1 Zitat. Zitatzitat.

9.2.1.1.1.1 Eigenem Textversuch winkt Zitat. Das Zitat als Zeichenkette.

9.2.1.1.1.1.1 Das Beste kommt noch.

9.3 21 Uhr 14 Minuten ist die Sonne weg. Wir verweilen weiter an frischer Brise, die weht da, man sagt das ja, Fahrtwind, frische Brise, Meeresbrise, man sagt gar nichts. Man lässt das Sagen.

9.4 20 Uhr 05, jetzt, jetzt, etc. jetzt, 21 Uhr 34 etc. die Fahrt dauert gute drei Stunden.

9.5 Schenker sitzt am Rand inmitten von Deck 5 kreisrundes Sofa am Rand ihres Einschlafs. Jetzt, 21 Uhr 53 etc.

9.5.1 Auf Deck 6 alles blauer (lauter? lauer?) Plüsch. Einige Fotos gemacht, von Details mehrere, es gibt die Deckbänke, Decksessel, Decksofas, die Fahrt dauert gut 3 Stunden. Die Etymologie von „gut" nachschlagen.

9.5.2 Es gibt die Aussendecks. Vor dem Wind schützen Glasscheiben.

9.6 Gegen Westnordwest über Wasser sehen. Steuerbord, Backbord, Bug, Heck. Die Ankunft.

9.7 Wer hier ankommt, geht durch Hallen, sie erkennt die von ihrer Konstruktion umfassten Brücken, man wird geführt, die Koffer oder Taschen wiederzufinden oder zu vermissen, jedesmal, auch wenn es ein erstes Mal ist, führt dein Fortsetzen des Gehens zu einem Hinaustreten auf einen Vorplatz, dessen Ausdehnung im nun nächtlichen Dunkel auch den mit dem Platz Vertrauten nicht ersichtlich, sondern als Erinnerung gegenwärtig sein mag.

9.7.1   Es ist schön, an einem Ort erwartet zu werden.

9.7.2   Eine, die kommt, kennt ihren Namen.

9.7.2.1.1.1.1   „Wir schienen uns zu kennen. Wir schienen befreundet zu sein, sogar."

9.7.2.1.1.1.2   „Damals, als das Haus wankte."

9.8 Am hoch gelegenen Ende der Stadtachse entsteigen wir dem Wagen.

(we will do this by throwing the dice)

±0

1. Von Brücken herab, von Balkonen hinüber, ein Uhr nachts oder war's noch am Vortag.

1.1.1.1 Kumpel, was ist denn das für ein Land!?

1.1.1.2 Gotland.

1.1.1.3 Was soll ich denn in Gotland!?!

2. Es war dann später.

3. Ein andermal war's, siehe auch *REISE-knowhow: Gotland.*

3.1 Ein andermal war's, in einer vom Moment dieses Notierens her ein Ortspunkt, Zeitort „Zukunft", auch diese längst vorbei, von Landkante herab, aus dieser Kalenderstelle, jetzt, vom selben Oberhalb, über dieser erinnerten und aktuellen Felsstufe, bereits etc. und das Meer bereits, ach, näher schon, befahrener schon, dieses Meer, diese bereiste West-

auch Ostsee, die man befuhr, von Osten, von Westen, seit Jahrhunderten und eine Hansestadt begründete, siehe auch *Reise-knowhow: Gotland.*

3.2 Spezifikation dazu: Das wäre später dann gewesen, Monate später, die Frühlingswiese, die Felsstufe, man hätte wieder auf einen Platz, man hätte wieder gerufen, riefe Kirchenvorplatz, man hätte sich gefreut sich an erstem Benennen, das man erinnerte, man wüsste, man hätte eine hingewiesen, später erst, also jetzt, Domkirkkan, nächstens, die Menschen auf Fahrrädern, es gäbe den Horizont. Es hätte den Horizont der Dachkanten, Tag um Tag, am ersten Tag etc. die Gemäuer. Man hätte gefeiert abends nächtlich. Fira Valborg i Almedalen 30.04.2015. På valborg den 30 april så kommer visbys studenter tillsammans med Visby Centrum att fira av våren i Visby!

3.3 Es ist Sommer. 29. Juli. Zwei Behauptungen.

3.3.1 Wo, von hier aus gesehen, liegt Gotska Sandön, auch von hier aus, ein Meer, schwarzblau, die Gasse, leer, ohne Mensch nicht wahr, menschenleer, da hin, die Aussicht, sommerweise so das Licht, jetzt, ein kalter Wind geht, mitten im Sommer, so etwas von klarer Luft, murmelt sie oder ich murmle, sie zieht den Mantel über das Hemd oder ich eine Wolljacke, vorbeihüpfende Dohle dazu, das Gras liegt vor.

3.3.1.1 Schnappe den Satz vom Ungesehenen, was ich mir dabei etc. und so weiter, den Tag.

4. 29. Juli ab 6 Uhr früh richte ich mich im Zimmer ein.

4.1 Spezifikation dazu: zwei Zimmer, die Küche, das Bad, das WC.

4.2 Das Zimmer. Die Fensteröffnung. Die Fensteröffnung. Die Lüftungsschlitze unterhalb des Fensterbretts, ein Schieber, ein Schlitz und ein Schieber, später erweisen sie sich als typisch für Gebäude aus dem 19. Jahrhundert, dies ist eine Behauptung im Nachhinein. Der Schieber lässt sich in der Horizontalen bewegen, steht der Schieberknopf ganz rechts, strömt, jetzt, sachte, die Morgenluft, ich öffne beide Fenster, zuerst öffne ich das Mittagsfenster, Südosten, die Sonne steht, hier, jetzt, im Norden, in einem Nordland, auf dieser, östlich von Stockholm, westlich von Estland von der Baltischen See freigegebenen Insel, hoch, schon recht hoch, ungewohnt hoch, das andere Fenster geht auf die Terrasse.

4.3 Spezifikation dazu: Der Tisch, der kleinere Tisch, zwei Betten, Schrank, Regal. Ein Sessel, ein Stuhl, die nötigen Beleuchtungskörper. Die Insel.

4.3.1 Woran dabei gedacht wird: Mattias Östborn vermietet die Wohnung im Winterhalbjahr an Studierende. Seinen Beruf als Klavierlehrer übt er aus. Sein langsames Deutsch klingt schön. Auch Marie-Louise Östborn übt ihren Beruf aus.

4.3.2 Wobei an Folgendes gedacht wird.

4.3.2.1 Spezifizierung dazu: Referenz auf Text; Sprache – eine Bemerkung zur Form „Datumstexte", „Listentexte" steht hier an. Warum gerade jetzt.

4.3.2.1.1 Jetzt zersprengtes Kanapee Körperumschrift möchte es denn Diakrise versioniere wir sässen leuchtgepünktelt mit. Müde kollationiere! und während frässe die hüpfenden Punkte überzeihe mir den Mückenfall wo bleibt die Fledermausfärse wann. na ja Körperlein wie die. Kachel schon

am Nackten verhakt aus. Diskreter
Teilmenge des Kiels belehnen wäre bloss
Menschenskind jetzt. Eine. Er sagt. Süss auch
kann schon schön sein. Pröstchen dir Blam
um Anwürf. Wie sägt man Patapum, den.
Ball auf doch viel. Himmel nein. zu. Dir ein.
Du gefundenes. Fressen läuft für Mund.
Räuschling säumt Mond. Sink. Absauf. Soll?
Kann? Kerbbraun Gesause? Ins Deklinat?
Sie, ein neumüd, naht punkt acht. Carillon
nascht Tonart, der den. Ändern. Leisern.
Knirschnen käufern plärren. Sie sagt täglich.
Agglutiniere Schiff mit Knäkke. Ho, ho der
Mähne lausch hoppla kein Klöntag käm nun
dein Nu? Agglutiniere hier dir, wie, ab,
Erstertag, gleichmütig, Inselagglo, wie? Ein
Fensterbrett abschliesse. Ein Fenster
aufreisse.

4.3.3 An Folgendes mag nun gedacht worden sein,
nun = jetzt, was zu Jetzt zu sagen sein werde als
ausgesetzte Gegenwart, als eine grammatisch
sich zeigende Zeitform, jetzt = ein Name wofür,
warum nun, schreibe das hin, in einem Nu, ab 6
Uhr früh richte sie sich im Zimmer ein und –
d.h. eine Figur „sie" einführen, hier in diesen
Listentext, ich setze mehrere Fragezeichen,
Satzzeichen, um dies zu kennzeichnen,
meinetwegen als Frage.

4.3.3.1 Sie sage.

4.3.4 Sie übertrage die gestrigen Fotos auf Laptop und
Stick, übertrage die Notizen auf den Computer
(sie schreibe sie recht genau ab). Sie verrücke
den einen Tisch, sie rücke ihn etwas weiter weg
von der Mauerbrüstung, sodass ihr eine Position
am Fenster, sodass sie sich zwischen Tisch und
Fenster, sie das Rouleau betätige, sie an der

dünnen Schnur ziehe, das schmale Band
hochspicke, sie den Tisch gegen sich ziehe, sie
die Kante des Tischs gegen ihren Unterleib etc.,
sie mit dem Wort Ich weiterfahre.

4.3.4.1 „Datum" eine Insel. Gegeben sei 1 Insel. Die Schweiz ist keine Insel.

5. Fragment eines Standortes: Zimmer, von Zimmer aus. Das Verrücken.

5.1 Spezifikation dazu: Ich werde mir erlauben, die Notizen im Nachhinein zu erweitern um Einfälle, um Zitate, etc., diese in anderer Schrift kennzeichnen möglicherweise oder die veränderte Passage unter das dann neue Datum zu nehmen, auch das vielleicht interessant, sage ich zu M. (oder S. oder Sch.)

5.1.1 Woran dabei gedacht wird.

5.1.2 Ab 6 Uhr früh richte ich mich im Zimmer ein. Das Zimmer eine Insel. Insula, lat. Häusergeviert.

5.1.2.1 Das Verrücken der Einrichtung.

5.1.2.1.1 *Es sind nicht immer die Schiffbrüchigen, die auf Inseln Zuflucht suchen.* (Ingeborg Bachmann)

5.1.2.1.2 *26.November*
ich finde wirklich, man sollte es lernen, ruhig und ohne sich um die Leute zu kümmern, etwas anzuschauen (den mond, gleise in der sonne, strukturen auf dem boden), was einen interessiert. ... alle zufälle, sagt novalis, sind materialien, aus denen wir machen können, was wir wollen (Chris Bezzel, *Tagebuchtage*)

5.1.2.1.2.1 eigener Textversuch

5.1.2.1.2.1.1　Insert

6. Seit ein paar Minuten bin ich hungrig. Die Uhr am Bildschirm zeigt 7 Uhr 43.

6.1 Ich trete ans Fenster. Das Fenster erweist sich als eine Fenstertür. Über den Latten, die einen genügend dichten Rost und daher eine mit nackten Füssen angenehm zu begehende Fläche bilden, hat der Wohnungsinhaber dort, wo man von der Küche hinaustritt, einen Webteppich ausgelegt. Die verarbeiteten Stofffetzen bilden ein feines Streifenmuster.

6.1.1　Ich war ans Fenster getreten. Ich trat an das zweite oder erste Fenster. Die Gasse schien wenig begangen, was an der Tageszeit liegen mochte.

7. Fragment eines Standortes. Das Ganze der Insel.

7.1 Ein heisser Tag die Luft mit Dampf gefüllt, die Fotos zeigen nicht die Hitze, wir schwitzen, Margrit zeigt mir Visby.

7.2 Ein sehr warmer Tag schon von der Frühe an, die Luft mit Dampf gefüllt. In der Waschküche unter dem Dach, im Haus an der Neugasse in Zug, bei Wäsche, die Luft von Dampf trüb, alle sechs Wochen. Etc. Wir wohnen hier an der Nygatan, etc.

7.2.1　Woran dabei gedacht wird.

7.2.1.1　Auch Referenz auf Autorin. Auf Autor, Text; Sprache, dann, wenn sich etwas regt. Die Eigenschaft „kryptomer" meint ein Etwas im Gestein, das ohne Vergrösserung nicht zu erkennen ist. Etwas regt sich im Gesicht von Herrn Östborn. Mag das ein schwedisches Gesicht mit Name „Östborn" sein mit seinen gotländischen Regungszeichen, jetzt, hier, im hanseatischen Visby, Hauptort der noch immer gut erreichbaren Insel.

7.2.1.1.1 [Thema: Land des reinen Verstandes / Immanuel Kant] *Dieses Land aber ist eine Insel und durch die Natur selbst in unveränderliche Gränzen eingeschlossen. Es ist das Land der Wahrheit (ein reizender Name), umgeben von einem weiten und stürmischen Oceane, dem eigentlichen Sitze des Scheins, wo manche Nebelbank und manches bald wegschmelzende Eis neue Länder lügt und, indem es den auf Entdeckungen herumschwärmenden Seefahrer unaufhörlich mit leeren Hoffnungen täuscht, ihn in Abentheuer verflicht, von denen er niemals ablassen und sie doch auch niemals zu Ende bringen kann.*

7.2.1.1.2 [Aus einem Essay von Wolfram Malte Fues mit herzlichem Gruss, liebe Margrit:] *>Das Meer: das nicht mehr Tag noch Nacht ist sondern Zeit.< (Wolfgang Hilbig, Matière de la Poésie) Was ist das für ein Meer? Das Sprachmeer, die Sprache angesichts ihrer ozeanischen Macht zur Semiose – das Sprach-Mehr und Mehr, wenn man kalauern dürfte (man darf – wenn man genau achtgibt, hört man das Sprach-Meer in den Tönen von Wind und Wellen lachen). Das Gedicht evoziert, provoziert durch seine klanglichen, rhythmischen, lexikalischen, semantischen und grammatischen Strategien dieses Sprach-Meer, macht es gegenwärtig, lässt es gegen die Küsten jenes Festlands rollen und schlagen, die den eigenen gewohnten Sprachgebrauch umreißen und eingrenzen. Gelingt das Gedicht, sind seine*

> *Strategien weiträumig und nachhaltig genug, überflutet es jene Küsten und ihr Land, um sie immer wieder neu aus dem Sprach-Me(h)er emportauchen zu lassen. Dieser Rhythmus von Flut und Ebbe führt dem lesenden Bewusstsein seine eigene Sprach-Geschichte vor Augen, ihre Lebenslauf zeigenden Entscheidungen und Ausschlüsse, ihre Zustimmungen und Ablehnungen. By the way: Keine andere literarische Form antizipiert und forciert so entschlossen wie das Gedicht die eigentümliche Kombination aus Lokalität und Globalität, die den Reiz des Internets ausmacht. Das Gedicht hat von der „virtual reality" nichts zu befürchten. Es gehört ihr ursprünglich an.*

7.2.1.1.2.1 Er hätte den Tisch näher zum Fenster gerückt, er hätte das zweite Bett mit Papieren belegt, er hätte einen Plan der Stadt ausgefaltet. Man hätte ihn oder sie ans Fenster treten sehen können, vielleicht vom Fussweg erblicken können, man wäre weniger zurückhaltend dahingegangen als damals, man hätte wie oft zum Haus sich hingedreht, man hätte sich kaum sichtbar wissbegierige Blicke erlaubt, die eine und andere Person hätte zufällig das Gesicht zugewandt, möglicherweise hätte er nicht gelächelt, er hätte etwas wie eine kleine Emotion gezeigt. Man hätte es sich so gedacht.

7.2.1.1.2.1.1 Insert (diese Ebene kommt bei Roubaud nur 1x vor)

8. Fragment eines Standortes Auf mein Klingeln kommt niemand.

8.1 Das Haus, die Inschrift. Davon später.

8.2 Das Haus, das Haus, die Treppenstufen, die Haustür, die Klingel. Die Öffnungszeiten.

8.3 Das Haus, die niedrige Hofmauer, die Fahrräder, die Trittstufe, die Tür, die Klingel.

8.3.1 Etwas zu Diarium versuchen, ein weiteres Mal mit der Form des Diariums ... woran also dabei gedacht wird.

8.3.1.1 Spezifizierung dazu, auch Referenzen auf Werbematerial.

8.3.1.2 Lücken, diese fotografieren, also Lücken im Gemäuer – Kirchenruinen, Stadtmauer, Wehrtürme, wir reden von Lücken als Vorstellung ich sage etwas wie gefüllte Lücken volle Lücken wieso das oder so ähnlich sie meint ich solle sie nicht verwirren etc. oder so ca. im Reden erschien mir das plausibel und erschien mir das als schönes Paradoxon es entstand 1 Gefühl, das sich beim Notieren ins kleine Notizbuch nicht wieder einstellte, musikalische Lücken Löcher üblicherweise = Pausen in der Umkehrung dann Löcher ≠ Pause sondern Inseln aus Tönen Worten Klängen alles andere dann Stille.

8.3.1.3 Unterbruch von Lücke.

8.3.1.4 Abbruch von Lücke.

8.3.1.5 Abendspaziergang mit Jesper und Mirjam sie zeigen uns ihre Wege Treffpunkt war BCWT 20 Uhr wir spazieren gegen 2 Stunden botanischer Garten Pavillon der sich für einen Auftritt eignen mag Gassen ein Bier auf unserer eigenen Terrasse die ich noch nicht fotografiert habe unten am Ufer kann man junge Menschen Kupp

oder Kubb spielen sehen man kann sie kurze
Stäbe oder Holzklötzchen werfen sehen und
man kann in fremder Ordnung in den
Grasboden innerhalb eines abgesteckten Felds
gestellte Stöcklein mit quadratischem
Querschnitt im Zentrum ein etwas längeres.

8.4 Das Spiel wird gerne im Park bei der Stadtmauer
gegen die Ostsee hin gespielt, dann also, wenn
sommers die Abende dauern und dauern und man
nicht mehr so sehr ins Schwitzen gerät.

8.5 Eine Ostsee ist eine Westsee ein Baltisches Meer ein
Meer mitten drin ein Meer Östersjön und zum
Glück.

**9. 29. Juli also es ist noch immer der Tag und
weiterhin ein Tag nicht wie alle Tage man sucht
einen Standort. Visby ein Würfelwurf zu zweien.**

9.1 Ein sehr warmer Tag schon von der Frühe an, die
Luft mit Dampf gefüllt.

9.2.1 Der erste Morgen hier in V. auf G. ist ein
Sommermorgen schon wird ein Sommermorgen
gewesen sein ein heisser Tag etc. und immer das
Meer.

9.2 Wir suchen zu allererst das BCWT Uddensgränd 3
Öffnungszeiten 8 Uhr 30 bis 16 Uhr 30 auf mein
Klingeln kommt niemand.

9.3 Die Nygatan in Richtung BCWT. Wir finden die
kleine Klingelplatte. Wir warten ob sich jemand aufs
Klingeln zeigt.

9.4 Wir lassen das Warten. Wir gehen. DOM auf
Schwedisch Domkyrkan 5 Orgeln Kerzen
lutherisches Ritual auf mich wirkt die Kirche
katholisch wir gehen ob ich die Wege auf dem
Stadtplan nachzeichne schliesslich dann um ca. 11

Uhr 15 Bibliothek beim Hafen Kaffee ein
Pfannkuchengericht mit Safran dazu
Brombeerkompott und leicht geschlagene Sahne.

9.2.1.1 Oder Abbruch von Lücke.

9.2.1.2 Oder Unterbruch von Lücke.

9.2.1.2.1.1 Zitat: *Bin in Richtung Meer gegangen. M. S.*

9.2.1.2.1.2 Zitat zu „Terrasse", oder vielleicht einen eigenen Textversuch in Betracht ziehen, nein, nicht jetzt, später vielleicht, viel später, auch etc.

9.2.2 Die ich noch nicht fotografiert habe.

9.3 Sie, M. S., sei mit dem Akkordeon in Richtung Hafen gegangen, um zu, und etc. sowie etc.

9.4 Spezifikation dazu also dazu, was es hiesse, eine Stadt zu erwürfeln.

9.5 Was ein Würfelwurf täte.

9.6 Sie wäre zu entwerfen, nämlich die Serie der Würfelwürfe.

9.7 Werfen soll deine Hand, den Wurf soll man linker Hand ausführen. Werfen sollst du mit einer einzigen Hand, sollst werfen mit zwei Händen.

9.7.1 Woran dabei gedacht wird.

9.7.1.1.1.1 In Jacques Roubau*d*, *Dichtung und Erinnerung*, S. 115: [die] *Philodoxai* etc.

9.7.2 Woran dabei gedacht wird, so Margrit (oder L. oder Pauline, vielleicht eher Kalle), so fröhlich eine Sicht so eine andere Sicht, eine tut's mutwillig, so er (oder auch M.), einen Ton anschlagen also herausziehen aus dem Gerät, Zischen als ob ein oder eines S. also Sturms, soso, ob mich das kratzt. Oder Horchsicht, dies

einwerfen, dies notieren, dies Notieren
wiederholen, sofort, dies nicht einzuwenden
vergessen, mag das gedacht sein, leise
Akkordfolge im Milchigen dieses
Sommermorgens.

9.7.2.1.1.1 *Sie sitzt untätig und faul da, aber ganz Auge und Ohr.* (übersetzt aus dem Schwedischen von Holger Wolandt 2002)

WÜRFELN (we do this by throwing the dice)

1

0. **Es ist der 30. Juli. Es ist sehr heiss. 2014, im Nachhinein ein nachweislich heisserer Sommer. Rechterhand ein fest gebautes Haus. Ein ehemaliges Schulhaus, dann Schulheim, so die Inschrift. Marmor- nein Muschelkalktafel. Ein beigefügter Kalkstreifen verweist auf das spätere Schulheim, darunter beigefügt ein noch schmalerer Streifen aus ähnlichem Stein nennt die letzte Umwidmung, die nach dem Abbau des Eisernen Vorhangs geschah. Das Haus ist höher und breiter als alle andern hier. Was sonst. Was ausserdem zu sehen, zu erinnern, aufzuzeichnen wäre, könnte man von hier gut sehen, von der Nygatan her kommend auch oder von der Domkirkan her aufsteigend andererseits. Standort. Startpunkt, erster Würfelwerfort. Man hätte sich von da weg zu einem ersten Ziel gewürfelt. Man hätte sich schon auf dem Weg da hin umgeschaut, hätte in jeder der die Gasse oder Strasse kreuzenden schmaleren Gassen Ähnlichkeiten entdeckt und besprochen.**

Man hätte die Anzahl der gewürfelten Augen auf dem Würfel präsent gehalten.

0.1 Zum ersten Punkt, der ersten Station, da machen wir dann irgendetwas.

0.1.1 Ein Würfelwurf ist jeweils doppelt vorzunehmen, um erstens die Richtung und zweitens die Distanz zu bestimmen.

0.2 Ein heisser Tag die Luft mit Dampf gefüllt, die Fotos zeigen Herbst, wir schwitzen, Margrit zeigt mir Visby, wir zeigen einander Visby, es ist sehr heiss, es ist 9 Uhr 55, die Uhren zeigen zehn Uhr zehn oder zehn Uhr elf, sie zeigen festgelegte Zeitpunkte, wir starten, woran wir tragen, was wir in Lücken von V. fügen, es werden Akkordeontöne sein, Wörter, Wortfolgen, auch was eine und eine so reden, den Fotoapparat, weitere Spezifikationen des Vorhabens folgen.

0.2.1 Weitere Spezifikationen folgen.

0.3 Was auch noch gesagt wird, nachdem die Würfel ihre ungerade Augenzahl zeigen, und wir nach links vom momentanen Standpunkt also Würfelpunkt her gesehen in südlicher Richtung gehen. Die Anzahl der zu übergehenden Verzweigungen leiten wir uns von der Zahl der Augen ab, die sich nach dem Würfelwurf zeigen.

0.4 So finden wir zu einem nächsten Standpunkt. Daher lassen wir jetzt den schönen Stadtplan links liegen, den wir am ersten Tag hier sehr wohl studierten.

0.4.1 Stand- Sitz- Blickpunkte. Blickrichtungen. Horch- Lauschsitze. Das gibt zu denken. Daran denken wir. Entfallpunkte. Vergessenslinien. Fröhliches Übersehen. Auflisten. Erstellen von Tableaus. Auswischen. Übermalen -tönen -tun. Übrigkeiten erstellen erfassen. Los jetzt. Jetzt, los.

Jetzt als damaliges. Wenn jemand unser Tun des damaligen Sommers nachstellte, stünde er jetzt 10 Uhr 10 seitlich vor dem Haus also neben dem Haus an der Nygatan ich sähe ihn oder sie durch das Fenster zur linken Hand meines Schreibtischs könnte ihn oder eine Replik unseres damaligen „uns" erblicken wunderte ich mich sehr bei heutigem Jetzt mit wechselndem Datum 29.04.2016 / 12.04.2017. *We do it by throwing the dice.* Bei jeder Etappe tun wir etwas.

0.5 Es ist sich sehr.

0.6 M. (oder S. oder Sch.) z.B. mit der Handorgel, ich schreibend, da kann noch manches passieren.

0.7 Spezifizierung dazu.

0.7.1.1.1 Und kommen mit dem ersten Würfelwurf zur Ecke Klintgränd / Nygatan. Etwas auf dem hübschen kleinen Platz zeigt auf seine Funktion als Richt- und Schandplatz hin, die ihm bis zur Mitte des 19. Jahrhunderts zugeteilt war (Hinrichten, Foltern, Schänden, Beschimpfen, eine mögliche Auflistung). Ein wie gesagt hübscher Platz, wenn man ihn von der von der Nygatan auftut, auf Bäume kann man schauen, auf die kleinen, hier in der Gegend immer sehr kleinen, der oberen Terrasse der Klippe eingefügten, noch kleineren, angeklippten Holz-, Block- ev. nachträglich vermauerten Wohnhäuser Sommerhäuser etc. wohlhabender Stockholmer nun zumeist, woran das ersehen werden kann, bei erstem Hingeraten mit Hilfe eines Würfelwerfens gerade eben die Verzweigungen ausgezählt, die Gasse in der Längsachse fotografiert (beschrieben?) [*Anmerkung*: hier kommen nun im Weiteren die Fragmente der Aufzeichnungen vom Sommer 2014, die ich als Zitate verstehen will, zum Zuge.] Wird man ein anderes Mal hier und vom Stadtteil unterhalb der Klippe, atemholend vom steilen Anstieg, von unten her in der Gasse erleichtert angekommen, auf den kleinen von der Gasse weg stadtmauerwärts abfallenden Platz gestossen sein, mag einem oder einer der leicht schiefe, rohe Pfahl auffallen, mag sie oder er auch die erklärenden Anmerkungen auf einer der auch anderswo häufig anzutreffenden, leicht schräg gestellten, damit das Regenwasser nicht liegen bleibt, zur leichteren Lesbarkeit weissen Tafeln zu entziffern versucht haben, um einige Informationen zu erhalten. Das weisse etwas grössere d.h. um 1 Stockwerk höhere kleine Haus mit Treppengiebel bei näherer Betrachtung scheint nicht sehr alt zu sein, ob es den Platz des Henkers oder Schinders markiert, kann uns im Moment keiner sagen. Über ein Brettertor mit ihm verbunden und von ihm getrennt der zweigieblige Leichtbau der Feuerwehr. Die Brettertore, die vor Sicht und kalten Winden schützenden Zwischenmauern, die stockhohen Staketenzäune mit ihren Toren, die Palisaden zwischen den Häusern. Manchmal im Vorbeigehen einen Einblick erlaubend in winzige Blumen- Obst- Rasengärten, auf geparkte Autos, auf verlassene abgelegte Dinge, auf eine einzelne Person (selten ist jemand), steht ein Tor offen aus Nachlässigkeit, aus Nützlichkeitserwägungen, muss eine Arbeit getan werden, Material zugeführt, ein Baum gefällt.

0.7.1.2 (erweiterter Zitatbegriff, ich setze 2014
vorgeformtes Material ein)

1. **Ecke Klintgränd / Nygatan die Fahne mit ihren Bedeutungen? Widder oder Lämmer? der blaue Grund, usw. das Flatternde im Inselwind.**

1.1.1.1.1 Malvenreihungen. Wenn man auf dem Gehsteig, also so eng wie's geht den Häusern entlang, schieben sich Rosenstöcke mit ihren Blütenbüscheln so übereinander, dass der Eindruck eines lückenlosen Rosenbewuchses entsteht.

1.1.1.1.2 Malven. Rosen. 4 Fotos. 1 Maschinenton. M. (oder S. oder Sch.) zieht mit dem Akkordeon den Klang an sich.

1.1.1.1.3 In rhythmischer Serie die Schwärze von verpichten Hausfassaden im Wechsel mit gemauert Scheinendem, mit den Bretter-, Palisaden-, Eisenabschrankungen, den Türchen, Toren, vielleicht diese Bauten in Blockbauweise die ältesten noch erhaltenen, zugleich die vielleicht zur Zeit ihrer Errichtung ärmlichsten Kleinbauten, Kleinstwohnhäuser, wie hübsch sie nun hergerichtet sind für heutige Wohn- und Erholungszwecke. Im Vorübergehen und während der Suche nach zu fotografierenden Einzelheiten mag dem Besucher, dem Gast die fremdartige Dach- und Traufenausbildung aus ebenso verpichtem Grundmaterial (Blech oder Pappe) aufgefallen sein, er oder sie wurde später von einem Wulst zur Mitte der gegen die Gasse gerichteten Längsfassade sprechen, der nach beiden Seiten abfallend so ausgebildet ist, dass er Regenwasser oder, winters, Schnee, der hier nicht in grossen Mengen anfällt, zumeist, zurückhält.

1.1.1.1.4 Die im Frühlicht deutlicheren Rosafarben der Pflastersteine. Bevor man sie genauer betrachtet hätte, wäre einem schon die wechselnde Form, wie sie die Schrittlänge von Schritt zu Schritt beeinflusst, deutlich geworden.

1.1.1.1.5 Stellvertretend für alle weiteren eine Spaziergängerin also Frau mit zwei irgendwie Hunden. Den Mann, den man auch weiter oben bemerken konnte, sehen wir seine ruckelnden Schritte an uns, die wir auf einem Mäuerchen sitzen, vorbeitreiben. Das Blossstellen muss schnell weg.

1.1.1.1.6 Man könnte.

1.1.1.1.7 Schon eine einzige der kleinen Bauten, bei nur rascher Betrachtung so einfach erscheinenden, würde eine lange anhaltende Aufmerksamkeit erfordern, wollte man sich eingehender mit ihr befassen.

1.1.1.1.8 Man möge zu einer Bewegung ansetzen. Man macht einige Schritte an Ort. Man fotografiert, d.h. die, die ich im Moment bin, entnimmt den Fotoapparat seinem Etui etc. man weiss, wie das geht, man ist etwas aufgeregt, wer schaut da gleich wieder weg.

1.1.1.1.9 Man sähe sich die Abfolge der schmalen Eingangstüren, die beiden Fenster links und rechts davon genauer an. Es könnte erst nach längerem Verweilen aufgehen, dass auf den Simsen im Innern der Zimmer, die auf die Strasse oder Gasse gehen, kleine Lampen stehen, wie man sie als Nachttischlampen in

Schlafzimmern, wie man sagen mag, früher kannte. Es könnte einem einfallen, wie sie, nachts, am Vorabend, spät noch alle, oder beinahe alle, auf die Gasse oder Strasse hinaus leuchteten, wie auch viele Wohnräume erleuchtet schienen, ohne dass ein Mensch zu sehen gewesen wäre. Man erinnerte sich später, das jeden Abend so gesehen zu haben, ohne dem eine Bedeutung gegeben zu haben. Man hätte sich im Nachhinein gewundert, auf Fragen aber keine Antwort erhalten, als ob die Frage nicht hätte verstanden werden können. Man hätte auch gesehen, wie einige dieser ursprünglich ärmlichen und winzigen Häuser oder Bauten sich weg von der Gassen- oder Strassenachse in die Tiefe erstreckt hätten und bei etwas längerer Betrachtung, wobei man sich scheute, allzu lange stehen zu bleiben und das Schauen allzu auffällig werden zu lassen, auch wenn da niemand zu sehen gewesen wäre, sodass man sich zufällige und rasche Eindrücke in der Erinnerung zu einem kohärenten Bild verbinden hätte wollen, um später einer lieben Person eine hübsche Version einer Erzählung abgeben zu können.

1.1.1.1.10 Man setzt zu horchen an, gleich horcht man, dazu öffnet man das kleine Notizbuch, das man in einer Tüte mitträgt. Man zieht eine Linie.

1.1.1.1.11 Das hat wohl auch mit einem spürbaren Vergnügen am Sichtbarmachen, Sagen, Erkennen zu tun. Oh, gar mit einem Vergnügen an einem Blossstellen, non d'une pipe.

2. **Eine Zeit später. Wohin uns ein weiterer Würfelwurf etc. Treppe in Fortsetzung von Övre Fingränd / Ecke Trappgatan wir hätten uns niedergelassen, sie setzt das Akkordeon ab, wir uns sorgsam niederkauern, oberhalb einer, da, weit über Kopfhöhe, man sähe im Vorüber eilen, also flanieren, bei kurzem Innehalten also, auf einer Hebebühne, eben noch von einer Palisade, einer Hauskante, einem Mauervorsprung verdeckt, kann man im Moment, gerade noch, er wird sich absenken machen, während ein kalter Wind etc. ein Mann in Arbeits- oder Sportkleidung, das Maschinengeräusch, den Baum, dem wir Nussbaum sagen, auslichten sehen, die Geräusche, das fallende Holz, das im Wind flackernde also vagierende Grün, das man zu hören vermeinte nur, befände man sich im Hausinnern, weit hinten, dort wo die Schlafräume, die kleine, moderne Küche etc. von der Strasse von Gasse abgekehrt, könnten Sonntagsgäste oder doch eher Sommergäste, die eben im Haus herumgeführt werden, loben.**

2.1.1.1.1   Man spräche von Rosensorten, Grünversionen, verglich, gliche ab, die Abendleuchten, in der Art von Nachttischlämpchen, man wöge die Schönheiten ab.

2.1.1.1.2   Oberhalb der Mittelachse des letzten Treppenlaufs, hätte man, keuchend, falls von der Stadt her, also von dem Teil der Stadt, dem Hauptteil, zwischen Klippe und Hafen, man hätte sich umgewendet, sich neben uns, die wir den Durchgang leicht behinderten, gestellt, man hätte über den Dächern gegen Nordwesten hin den Meereshorizont, also die Weite der Ostsee, des Baltischen Meers, Westsee, hätte jemand aus Litauen ergänzt,

von da her, Westsee, man hätte keine
Silhouette eines grossen Frachters oder der
Fähre erblickt, man hätte dem Glockenschlag
entzückt gelauscht. Es wäre nicht zu sehen
gewesen, dass die Fähre nach Nynäshamn
gerade eben ablegen würde, man hätte das
Erklingen des Schiffshorns entsprechend
interpretiert.

2.1.1.1.3 Man hätte die präzise Kennzeichnung der
Treppenstufenkanten mithilfe reinweiss
scheinender Kunstharzfarbe beruhigt zur
Kenntnis genommen. Von oberhalb gesehen
ergaben die so hervorgehobenen Kanten mit
den Stufen ein lebhaftes Schuppenmuster,
das beiden gefiel.

2.1.1.1.4 M. (oder S. oder Sch.) nimmt den
Glockenschlag zum Ausgang für eine
Abfolge von Akkordeonklängen. Sie hätte
sich über den Balg geneigt und den
entstehenden Klängen gelauscht, während
sie Tasten gedrückt hielte und den Balg zu
dehnen ansetzte. Sie hätte die Tonfolge zu
einem späteren Zeitpunkt memoriert. Sie
hätte die Klänge später, nach ihrem
Verklingen, in einer Skizze festgehalten. Sie
hätte die Skizze und das Erinnerte
abgeglichen und sich für ein Drittes
entschieden. So hätte es sein können, notiere
ich jetzt, während ich aus meinen damaligen
Notizen exzerpiere.

2.1.1.1.5 Aber ja.

2.1.1.1.6 Schwalben fliegen tief.

2.1.1.1.7 Man hörte vom Wetter reden. Im Rücken
hörte man 1 Männerstimme, 1
Frauenstimme, mehrere sehr junge Stimmen,

man meinte zu verstehen, dass sie etwas
sagten, das sich auf die Schwalben bezog.

2.2 Spezifikation dazu. Der Wind wird stärker und Frische löst die heisse Schwüle ab.

2.2.1.1.1 Ein Unwetter ist, wie man sagt, im Anzug. Ein heranziehendes Unwetter zeigt sich als dunkle Wolkenwand, so sieht es aus, der Mann, die Frau, sie holen unsere Aufmerksamkeit, man schaut dem Spektakel zu, dem heftigen Dunkel, man lässt sich davon packen, vom Wind etc. man zitiert, indem man ausspricht, was man erblickt. Man hätte auf gelesenes Abenteuer zurückgegriffen, hätte man nicht bloss geschaut. Gebannt hätte man. Wie unter einem Bann gestanden. Jemand, im Vorübereilen, hätte jemandem sagen können, da stehen sie nun und schauen, die vom Festland. Man hätte später sagen können etc.

3. Zurück zum Start. 10 Uhr 30, Nygatan 53B. Das Wetter geht los.

3.1 Spezifikation dazu. Man könnte. [Es gibt jedenfalls weiteres Notiz- bzw. Fotomaterial zu diesem Datum!]

3.1.1 Woran dabei gedacht wird.

3.1.1.1 Referenz auf, ja bitte.

3.1.1.1.1 *qu'est-ce que un poème de métro?* Hans war glücklich soweit.

3.1.1.1.1.1 Eigener Textversuch? Lassen wir das. Oder doch. Was ist ein Würfelgedicht. In Analogie zur Frage Roubauds, was ein Métrogedicht sei. Bei einem Würfelgedicht entsteht die erste Zeile zwischen zwei Würfelwürfen. Diese wird am Zielort des vorhergehenden Würfelwurfs niedergeschrieben. Die folgende Zeile bildet sich auf dem Weg zum Zielort des eben vollzogenen Würfelwurfs. Diese wiederum wird transkribiert nach Erreichen des neuen Ziels. Nie wird während des Gehens notiert. Der letzte Vers entsteht während der letzten gewürfelten Etappe.

3.1.1.1.1.2   Sollte man aus unerfindlichen oder natürlichen Gründen den Würfelvorgang unterbrechen müssen, markiert dieser Unterbruch den Wechsel zu einer neuen Strophe. Ansonsten sind die Würfelgedichte einstrophig.

3.1.1.1.2   *Je referme mon carnet, tiens ferme mon parapluie devant moi. Car, n'est-ce pas, il pleut.* (Jacques Roubaud)

2

0. 31. Juli. Center for Writers and Translators BCWT das ist zwei Häuser um halb 10.

0.1 von COOP her mit neuem Kugelschreiber von COOP von ausserhalb der Mauer oberhalb der Altstadt es ist Sommer man geht dennoch elastisch man steht so da es gibt die Bänke unter den Bäumen es handelt sich um Ulmen. Nach nochmaligem heftigem Gewitter ca. 3 Uhr nachts klare Luft dunkles Meer. Frische Kühle es schlägt 9 Uhr vom Dom erstes Foto. Urs schreibt per SMS hier regnet es heute noch nicht. Es ist Frühstücken mit Ausblick erstes Foto ICH trinkt Tee SIE und SIE gestern wir zum Abendessen ein Nachtessen in Irischem Pub mit irischen Bieren sehr schön wir hatten einen Essraum für uns allein frühstücken heute nordisch bei typischem Wetter wie uns später gesagt wird Porridge Joghurt Apfelmus Leberpastete Gurkenscheiben Käse Knäkkebrot Dinkelbrot Salmbärgelee wäre typischer es war Cassisgelee. Um 8 Uhr vom Dom her ein Glockenspiel wir werden würfeln. Noch nicht haben wir gewürfelt.

0.1.1.1 Zum Beispiel als eines von zwei Sonntagskindern grosse Traurigkeit ein Aufbrausen zum Beispiel der Text jetzt erinnert „Ich" den Ausflug nach Fårö.

0.1.1.2 Was ist Jetzt, jetzt, heute, also Datum des heutigen Tags, wo bin ich auf der Zeitachse, dumme Frage, der Bildschirm zeigt 8. Juli 2016.

0.1.1.3 Der im Moment der Arbeit am Text längst andere Text, ein Sprachding, wie auch immer, Sprache als eine Zeitkugel, auch rühmte Günter Heinz *Geometry, Relativity and the Forth Dimension* von Rudolf v. B. Rucker, wer ist das schon wieder. Immer nehme ich das kleine Buch nach Visby mit, immer wieder lasse ich es erblättert ungelesen. Ich lese. *Während wir plaudern, geht das Leben vorbei, sagt Tschechow,* sagt Ingmar Bergmann, und so weiter dieser Bergmann in diesem seinem Buch so weiter in seiner schwedischen, ins Deutsche übertragenen Art, *und so ist es vielleicht.* Oder dann Mayröcker, brütt, ...

0.1.1.4 ... *das Eindringen nämlich in den kleinen Spalt den jedes Wort darstellt.*

0.1.1.5 oder die seufzenden ...

0.1.1.6 Verbeuge mich vor Ingmar Bergmann.

0.1.1 die Gärten, wie sie in die Klippen, oder sich hinregen recken niedrig halten hinter Palisaden Maueraufzügen Torhinweisen duckt sich Maulbeerkrone.

0.1.2 horcht, hört,

0.2 Im BCWT empfängt Patrick Muskos erzählt er und zeigt und aufzeigt er im Haus das Haus das Haus erzählt das Glockenspiel wie's gespielt wird über Spieltisch im Turm und über Keyboard im Kirchenschiff und ist auch programmierbar immer wieder und jemand erzählt von eigenartiger Musik erklang als der Bub der Pfarrerin am Keyboard herumspielte sehr schön und ohne zu wissen.

0.2.1.1.1 Wie beschlossen Einstieg bei gestriger Endstation von da führt der Würfelwurf links = ungerade, rechts = treppab bis Ecke Nunnegränd.

0.3 Wir haben gewürfelt.

0.3.1 Das Fahrrad mag seit dem Vortag so hingestellt geblieben keinen Schaden genommen im Winkel, den das Geländer, der Form des in die beiden Treppenläufe ragenden Strassenstücks, das so zu einem Podest für Unbestimmtes erscheinen mag, folgend bildet, Fahrrädern einen sicheren Schutz gegen Stürme, die als dunkle Wand von Westen her ein schönes Szenarium für Einbildungen bietet der da stehenden und schauenden Personen, zwei Kinder waren es und zwei, die sich wie Eltern zu ihnen verhielten, hätte eine Passantin zu ihrer Begleiterin gesagt haben können, sowie sie und ich den auf einmal dunkeln Himmel über dem Wasser, alle hätten den aufziehenden, so sagten alle in ihren

Sprachen, Sturm verwundert betrachtet, bevor
sie dann sehr eilig Schutz da oder dort etc. Die
zwei Treppenläufe fügen, sich, unterhalb des
Mauerkeils, Podests, sehe ich, so erinnere ich
mich, so zeigt es das Foto, so sieht es jeder, der
die Treppe eilig, langsam, begeht, von oben
hinabschaut, von unten her, sich entscheiden
müssend, nach wenigen Metern, in die Klippe
hineingebaut, zu einem einzigen Lauf. Das
Mauerwerk. Die engen und dann weiteren
Treppenstufen. Nachts helle
Strassenbeleuchtung, der Fuss, der ganze Schaft
aus Eisen gegossen. Der Handlauf und seine
Tragkonstruktion do.

0.3.1.1.1.1.1   Etwas zum Begriff des Insert einfügen?

1. Fragment eines Standortes 31. Juli Ecke Nurregränd mit neuem Kugelschreiber von COOP zehn Minuten nach zehn.

1.1 Torg = Markt Es ist sehr hell Zwischen Pflastersteinen Ameise wie lange dauert 1 Ameisenleben / Eigenleben Sitzen auf Treppenstufen zu Eingang Firma Karma.

1.1.1.1 Und ausserdem Ingmar Bergmann aus seiner ins Deutsche versuchsweise übertragenen Diktion als Schwedische mir vorstellen in schwedischsprachiger Umgebung. Ich tue das, während ich meine Notizen vom Sommer 2014 wegschiebe, während ich den Blick wende zu *Die Sonntagskinder* hin, als Erzählung in deutscher Erzählsprache, ins Deutsche gesetzt von Verena Reichel, *Während wir plaudern, geht das Leben vorbei, sagt Tschechow,* zitiert Bergmann, klar, ins Schwedische aus dem Russischen übernommen, von jemandem, der nicht erwähnt, den ich daher nicht weiss, übertragen vom Russischen her ins Schwedische hinein.

1.1.1 Wer sagt, dass ich zustimme.

1.1.2 Eine Anhörensform „Visby" an den Wänden von Visby? Näherte man den Namen Visby an ein verwürfeltes im Würfeln, gewordenes, Visby an, klangweise, als einer erfundenen Stadt Visby, käme man dann ihrer Wirklichkeit als eines Ensembles ihrer Wahrheiten am nächsten? Was dabei gedacht wird.

1.1.3 Ein ziemlich starker Befall.

1.1.3.1 Spezifizierung dazu, Referenz auf Sprache.

1.1.3.2 Torg bedeutet Markt, es ist nicht Markt heute.

1.1.3.2.1 Zitat 10 Uhr 20 Ecke Nunnegränd von Store Torget irgendeine Popmusik beschallt 2 Kunden im Terrassenkaffee kleiner Warenmarkt für Feriengäste eher an der Kirchenruine Anschlag wirbt für Gaukler gelbes Fahrrad etc.

1.2 Zwei Kunden im Terrassenkaffee kleiner Warenmarkt für Feriengäste eher an der Kirchenruine Anschlag wirbt für Gaukler gelbes Fahrrad etc.

1.3 Es ist sehr hell. Es ist noch früh.

1.4 Das Akkordeon nicht zu erwähnen vergessen, die Akkordeonklänge, jedes Mal neu, nach jedem Würfelwurf, nach jedem durch den Würfelwurf bestimmten Gang, neu, es sind neue Klänge, jedes Mal, nach jedem Innehalten, sie setzt sich jedes Mal auf eine Steinkante wenn nicht Bank Stuhl Schwelle auf ein Bord, der Balg, die Luftströmung, das Vibrieren der Metallzungen, jedes Mal.

1.5 Das Akkordeon jedes Mal erwähnen.

1.6 Nach jedem Würfelwurf.

1.7 Zwischen Pflastersteinen Sommergräser, Ameisen klettern einen Halm hoch.

1.7.1.1.1.1 Nähte sich ins Weiss, näherte sich dem Weiss, entflog dem Weiss, näherte sich. Wir flogen über Südschweden. Wir erblickten Wasser. Wir wunderten uns. Wir fragten uns. Wir fanden keine Ansprechperson, wir wunderten uns, denn das Wasser, das baltische, das Ostseewasser zeigte grüne Farbe, es zeigten sich uns aus grosser Höhe Grünbänder, Grünsträhnen, als wir dem Weiss entkamen, also das Flugzeug aus der Wolken- oder Nebelschicht tauchte im Weiterfliegen in ein anderes Wetter, eine skandinavische, südschwedische Wetterzone, in ein Hochsommerwetter hineinsteuerte, sich uns der Blick auf eine Landschaft, Meeresgegend öffnete, sich vor uns, die wir zwei waren, Sitz an Sitz, da war auch ein dritter, der schlief zwar, sich zeigte, wir würden dann, was wir nicht wissen konnten, an diesem Tag, heute, gesehen haben, woraus sich diese schönen, unheimlichen, Grünsträhnen bildeten, wir sahen die Algenzüge, kann man das sagen, nahe am Ufer, vom Steg aus, etc.

2. Fragment eines Standortes 10 Uhr 27 St. Hansgatan.

2.1 Spezifikation dazu vor Gotlands Konstmuseum gelbe Bank.

2.1.1 Die Lage der Stadt als einer Hansestadt am Rand dieser baltischen Insel in Distanzen zu baltischen

Staaten zu Nachbarstaaten zu einem Finnland
Russland die Lage der Stadt als einer Basis als
einer schwedischen Stadt nicht weit von
Stockholm etc. die Lage des Vorplatzes des
Gotländischen Kunstmuseums zur St.
Hansstrasse also S:t Hansgatan man hätte
würfelnd den Weg zurückgelegt man hätte die
Ritzen zwischen den Pflastersteinen das
Buckelige der grossen Pflastersteine man wäre
den wenigen oder mehreren Autos beinah nicht
ausgewichen man hätte die Notwendigkeit, die
Strasse freizugeben, nicht beachtet, man wäre
unachtsam, auf einiges achtsam, allmählich dem
erwürfelten Zwischenziel näher gekommen, man
hätte innegehalten und sich umgesehen. Man
hätte sich auf Details konzentriert.

2.1.1.1 Wie es mit dem Schweifen von Zitaten geht und
man würfelt und man wohnt mit
Übersetzerinnen zweimal während eines
Frühlings, jetzt 2016 und jetzt 2015 *und so ist es
vielleicht.* Wechsle zu Tarkowskij, versuchsweise
ein weiterer Wechselschritt.

2.1.1.1.1.1 Man beträte den Vorplatz oder Platz, indem
man die Absperrketten überstiege, dies zum
Spass, dicke Eisenketten, zum Spass,
verankert über dicke, nicht sehr schwere,
Eisenringe, solide befestigt also, an niedrigen
Kalkpfosten, Kegelstümpfe sind das, könnten
sie genannt, also einen Kiesplatz begrenzend
als dem Kunsthaus zugehörig markierend,
man könnte diesen Platz so und auch so
begehen, dabei die Artefakte, also Werke
verschiedener Künstlerinnen, einheimischer
etc. Künstler umgehen, innehaltend, eine
Weile liesse sich Ruhe finden auf der gelben
Parkbank, die wiederum als Kunstwerk,

Element eines Kunsttuns charakterisiert, sie, die Musikerin, hält in ihrem Spiel unerwartet inne, während sie sich auf einem der Kalksteinkegelstümpfe zurechtrückt, um mit Klängen GRAUER Wolle GRAUER Schafe ihrer Musik etc. man bräuchte einen Verstärker, ruft sie in wechselnder Tonlage, SECURE THE TITAS, SEHT UNS MIT UND LIES DAS, rasch notiert sie in ihr Notizheft eine Klangkonstellation, für später, ruft sie, ausgemacht, ruft sie, jetzt, etc.

2.1.2 Ich beschliesse, möglichst alle Parkbänke in der Stadt Visby fotografisch zu dokumentieren.

2.1.3 Es liesse sich eine Serie der Schattenwürfe dieses heissen und klaren Sommerlichts, etc.

2.1.3.1.1 *Securitas 071-767000.*

2.1.3.1.2 *P-fillständ erfordres.*

2.2 Neben dem roten Teppich, den man betreten mag, um sich dem ziemlich hohen und eher weiten Portal zu nähern, nur um zu erfahren, dass die Tür bis auf weiteres keinen Zugang zu Sammlung und Bibliothek gestattet, in Rückenansicht ein Mann und eine Frau, mit Blicken, so scheint es, die Beschaffenheit des Verputzes, ein sanftes Gelb, mag sie zu ihm, er sich gesagt haben, ein Materialeffekt. Das Licht der Maueröffnung, in welche die prächtige, doch einfach ausgestaltete zweiflüglige Tür eingelassen ist, erscheint weiss getüncht. Das Morgenlicht, den Schatten abzulesen, lässt das Weiss, Kalkweiss eher als Weiss eines Dispersionsauftrags, heftiger als noch vor einer halben Stunde hervortreten, sich vom Maisgelb des Mauerwerks abheben etc. Zwei Wandleuchten, schwarz, beidseitig angebracht. Zwei Zementbehälter, mit Erde gefüllt, lila Sommerblumen, kein Lavendel. Weitere Details,

Nuancen von Grau, Kies, Bodenplatten decken eine Regenrinne ab, die, parallel zum roten Teppich und senkrecht zur Fassade des Gebäudes bei anderem Wetter das Wasser vom Dach, ist anzunehmen, vom Mauerwerk und vom Zugang zum Haus wegführt.

2.2.1 Unnütz. Das Unnütze. Was soll das alles. Nutzbarkeiten. Servitute. Servietten, auch so etwas. Der rote Teppich die Vorlage für dies und das. Pause.

2.3 Passend zu den Farben des Gebäudes die Farben der Bekleidung des Manns und der Frau, schwarz schwarz, weiss, grau, schwarz, schwarz.

2.3.1.1.1.1 Man betrachtete, fände man Zugang, einige Aquarelle, möglicherweise unterzeichnete, möglicherweise läse man Namen wie Gunnar Mauritz Widforss, wie Johan Kahl. Man bewunderte möglicherweise die Art der Hingabe an ein Kiefernlicht. Man sähe darüber hinweg, man erinnerte sich an eigene Sichten, wäre entzückt vielleicht. Besucher stünden sehr einzeln vor Einzelnem, man dächte möglicherweise, wie, später auch vor der Hinfahrt, man Visby träumte, Fiktion einer Erinnerung an Visby man hätte dies gesagt, versuchsweise, man hätte zitiert, man hätte an Zeit als einer Anhörensform einer fernen Insel für Visby als einer weiteren aus der Serie von Italo Calvinos unsichtbaren Städte gedacht.

2.3.1.1.2 *Das Meer, das nicht mehr Tag noch Nacht ist sondern Zeit.* (Wolfgang Hilbig, *Matière de la Poésie*)

3. Ruine S:t Peter S:t Hans 11 Uhr 05.

3.1 Im Durchlass zu einer weiteren Kirchenruine, man hätte als Besucher über einen Ausschank, eine Bar vielleicht, über ein kleines Speiselokal, von der andern Seite her, des Grundstücks, an Tischen, Bänken, an einem gemachten Bett vorbei, sich dem eingelassenen, im Rest eines Kirchenportals, das möglicherweise einst den Durchlass von der einen zur andern Kirche anbot, gestattete, das zum Kirchenwechsel, also Heiligenwechsel aufgefordert hätte, zu anderen, also hanseatischen Zeiten, eingeladen hätte, ein Theaterpodium, auch einige Requisiten schon bereit.

3.1.1 Dabei wird an das Liegenlassen gedacht.

3.1.2 Woran dabei gedacht wird.

3.1.2.1 Ich habe eine Menge Dinge gehört. Ich weiss bloss nicht, was ich davon halte.

3.1.2.2 Man lässt die Zeit vergehen. *Vous n'avez encore rien vu.* (Alain Resnais)

3.1.2.3 Um zwei vor dem Kunsthaus, wo die gelbe Bank steht, dazu dieser Nachtrag, denn andererseits ist da, rückwärtig, dem Besucher der Stadt empfohlen, das Museum Gotlands Fornsal, in der Strandgatan 12 in Visby, zeigt die Vergangenheit von Visby und Gotland in Schweden. Untergebracht in einer Brennerei aus dem 18. Jahrhundert.

3.1.2.4 Nachträglich also diese Bemerkung zur Erforschung von Gotlands Geschichte, Überlieferung, Sprache. Per Arvid Säle war es, der die Grundlagen erarbeitete als leidenschaftlicher Sammler von künstlerischen und kulturhistorisch bedeutsamen Artefakten, sprachlichen Zeugnissen, die dann zur

Einrichtung des attraktiven und informativen Landesmuseums *Gotlands Fornsal* führte.

3.2 Leider sind seine Veröffentlichungen nur in schwedischer Sprache zugänglich.

3.2.1 Ein gelungener Werbetext, höre ich schon die Akkordeonistin kichern, ach ja, das dachte ich mir, ich, die ich mich in Beschreibung übe, um dann, ach wo.

3.2.2 Foto Visby_3 DSC02490 noch besonders drannehmen?

3.3 Sie spielt einige Akkordeontöne, sie lässt Reibungen zwischen Tönen entstehen. Es bilden sich Klangflächen, diesmal Klangflächen.

3.3.1.1.1.1 Was ein Säulenfuss war
Was ein Altarfundament war
Was ein Gewölbeansatz war
Was ein Kirchenschiff war
Was ein Nussbaum sein wird
Was ein Theaterpodest ist
Was ein Säulenschaft war
Was ein Apsisrund war
Was ein Grabmal war
Was ein Auftritt ist
Was ein Gartenwirtstisch ist
Was ein Zeltdach über dem Gartenwirtstisch mit seiner Wirtstischbank ist.

3.4 Bei genauerem Hinsehen erweist sich das kurz geschnittene Gras als sehr sommerlich.

3.5 Das Foto zeigt ein Wiesenstück, begrenzt im Hintergrund des Bilds durch eine niedrige Mauer, möglicherweise Kirchenmauer- oder Wehrwandrest.

3.5.1.1 Als Effekt dieses diesjährigen sehr heissen Nordsommers, tagelange Hitze, grosse Hitze,

kaum je von einem Regensturm unterbrochen,
kaum feuchte Morgen, manche Gräser, also die
Rasen- auch Grasfläche gesprenkelt, kein
ebenmässiges Grün, das Foto zeigt, nach
längerem Hinsehen erst, ein vom Strohgelb
einzelner, mehrerer, vieler Gräser durchsetztes,
blasseres Grün, man nähert sich gerne über
dieses Gras, das kurz geschnitten einer
Spielfläche gleicht, über dem leichten Gefälle des
Rasenstücks angepasste Stufen einer aus Planken,
auch Brettern gebildeten, möglicherweise
Theater-, auch Musikpodest, der weite Bogen im
Mauerwerk, der Trennmauer, zwischen den
Resten von St. Hans und jenen von St. Peter
möglicherweise Berührungswand der Heiligen,
die Tafel beim Zugang zu Gelände nochmals
ansehen, sagt sie, sich vergewissern, also
sprechend, sie sprechend sich vergewissert, oder
doch eher an Klänge sei zu denken, so sie, davon
zeigt kein Foto etwas, das Foto zeigt ein
Wiesenstück, begrenzt im Hintergrund des Bilds
durch eine niedrige Mauer, möglicherweise
Mauer, weiter durch die heutige also aktuellen
Grenzmauer etc. rechter Hand im Bild ein hohes
Mauerstück mit Torbogen, möglicherweise
später, also längst, also lange nach Errichtung des
Kirchenensembles, möglicherweise Durchlass
oder Durchfahrt vom einen Grundstück zum
andern, nachdem die beiden Kirchen als
Steinbruch etc. auf Wind lässt das Foto nicht
schliessen. Über der niedrigen, nicht sehr hohen
etc. Trennmauer zur Strasse die oberste
Fensterreihe ausschnittsweise sechs beinah
quadratische Fenster eines dunkelgelb
getünchten Hauses und die Dachschräge, rote
Dachziegel neuerer Produktion, drei gegen den
sehr blauen Himmel sich schwarz abhebende

Kamine, möglicherweise nach draussen führende Lüftungsschächte, die Bretter, die die Oberfläche des Podests bilden, schimmern sehr poliert, eine tanzende Figur mag auch mit nackten Füssen ohne Gefahr einer Verletzung sich darüber hin bewegen, auf welcher Seite des Podests die Anordnungen für ein Publikum, möglicherweise kein Mensch sichtbar, jetzt, im Moment des Notierens, der Gras-, der Mauerflächen.

3.5.1.1.1 *Per Arvid Säve (1811-1887) war einer jener glühend romantischen Kulturhistoriker, die ihr Leben der Aufgabe widmeten, prähistorische und folkloristische Dinge aller Art zu sammeln und abzubilden. Nichts war ihm fremd, wenn es nur einigermassen alt war und von Gotland kam...* (Frederik Sjöberg *Der Rosinenkönig* in der Übersetzung von Paul Berf)

3.5.1.1.1.1.1 Unterbrechung. Ruinen von St. Peter und St. Hans auch Restaurant auch möglich als Ort für Performance wir essen dort belegte Brote und trinken Bier und sehen den Menschen und den Dohlen zu.

3.5.2 Das Liegenlassen. Man war auf Strecken verblieben. Man hatte unterbrochen. Etwas unterbrach. Etwas unterbrach. Etwas war auf der Strecke geblieben. Etwas war der Jagd anheimgefallen. Etwas war zur Strecke gebracht worden.

Unterbruch

Ein Zug Wildgänse über dem Meer gesichtet. Sie mit Blicken begleitet. An Selma Lagerlöf gedacht, was liegt näher, an mich, mich mit Nils Holgerson auf dem Rücken der Leitgans Akka über das skandinavische Land

luftretend nachziehend die finnischsprachigen
Zählnamen nach Helsinki ins Jahr 1961 im Geheimen des
Gedächtnisses, die Zählnamen aus freier Lust geübt yksi
kaksi kolme neljä viisi kuusi seitsemän kahdeksan
yhdeksän kymmenen wieviel Gänse in dem Zug wieviel
Gänse waren es *Grey geese descending* waren viele die sich
abwechselten in der Leitfunktion während des weiten
Flugs, einmal sprach auch ich ein rudimentäres Finnisch
zum finnischen Kollegen im Hauptbahnhof von Helsinki,
den Saarinen also die Finnischen Staatsbahnen nach
seinen schönen Farbstiftplänen erbauen liessen. Sanfte
Streifen herabsinken zum Bildrand papierflach (zu Agnes
Martin). An sachte durchhängender Schnur die Serie der
farblosen Glühkörper im Mittagslicht. Die leichten
Gelbfarben der umsorgten Bauten, herabsteigende, einige
mit einigen und sich niedersetzend zur Pause Menschen,
auch ich und sie in Zählweisen verfangen. Vom Weg
abkommen als Regel in Märchen da ging dann
Rotkäppchen auf Anraten des Wolfs Blumen pflücken
etc.

Es gehe mir, sagte ich, nicht darum, die Regeln nach
Belieben abzuändern und umzupassen, sondern sie zu
verändern, um dann über Ausprobieren zu jener zu
kommen, die dann gilt.

Es ist sich sehr gelb. Es ist gelb und von Weitem.

Lücken, diese fotografieren, also Lücken im Gemäuer.
Kirchenruinen, Stadtmauer, Wehrtürme, wir reden von
Lücken als Vorstellung ich sage etwas wie gefüllte Lücken
volle Lücken wieso das oder so ähnlich sie meint ich solle
sie nicht verwirren etc. oder so ca. im Reden erschien mir
das plausibel und erschien mir das als schönes Paradoxon
es entstand 1 Gefühl, das sich beim Notieren ins kleine
Notizbuch nicht wieder einstellte, musikalische Lücken
Löcher üblicherweise = Pausen in der Umkehrung dann
Löcher ≠ Pause sondern Inseln aus Tönen Worten
Klängen alles andere dann Stille.

Bei der wievielten Abzweigung machen wir etwas; diese wird dann zum neuen Startpunkt. Die geworfene Augenzahl.

Und eine andere sehr sehr kleine Vogelart in 1 Linie direkt über dem gestern stillen Wasser.

Und am Horizont 1 Frachter da ist noch einer da ist die Fähre 1 Fähre 1 Frachter 1 Segler noch ein noch ein und das Meer sehr leer als Baltische See weit hin und die hier herum baltische genannten Staaten anschwabbend mit der immrigen Dünung.

Nähert man sich Visby als einer erfundenen Stadt, kommt man ihrer Wirklichkeit (ihren Wahrheiten?) am nächsten. Ich fotografiere.

Philodoxai hörten gerne und schauten, sie hätten Spass an schönen Stimmen, Farben und Formen, sowie an all dem, was daraus entstehe. Sie kümmerten sich um das Zwischen, das dem Sein als auch dem Nicht-Sein angehöre.

Und heute der stetige klare Wind ich bin erfrischt und gehe leichter und angenehm.

Fortsetzung des Tuns vom Mittag Start am Ort des Unterbruchs ca. 17 Uhr 15.

4. 17 Uhr 15 Ecke Kommandantsbakken Visborgsgatan.

4.1 Es wird eine Fähre angekommen sein. Passanten werden um den Weg gefragt.

4.1.1.1 und ganz zufällig passiert das bei jeder von uns her sichtbaren Strassenecke, klar frägt man dort, wo sich die Strassen kreuzen oder verzweigen, es hat seine Logik, so sagt man doch alles hat seine Logik, gerade dann sagt man das, wenn etwas zunächst erstaunlich ist, man dann es einer Logik unterwirft was unterschlägt man sich da etc. im Rücken.

4.1.1.2 Oder Erzählinseln (Zsuzsanna Gahse)

4.1.2 Erzählflösse, Erzählpodeste, Erzähltreppen, Erzählwolken, Erzählblitze, Erzählteppiche, Erzählstühle, Erzählräder, Erzählfähren, Erzählbäume, Erzählrhizome, Erzählmikroludien, Erzähltriller.

4.1.2.1 Oder Unterbruch von Lücke.

4.1.3 Hansetranslationen am Spieltisch des Carillons / die Mittelalterspiele. Wiederholung.

4.1.3.1 Oder Abbruch von Lücke.

4.2 Hotel Slotsbakken Taxi 498 200 200 Vorwahl Schweden?

4.3 Menschen kommen vom Hafen her.

4.3.1.1.1 *Nichts weiter.*

4.4 Wer in dem Moment durch die ziemlich schmale Gasse den Weg zum Südtor eingeschlüge, um in eines der auf dem Stadtplan dicht besiedelt erscheinenden Wohn-, Gewerbeviertel zu gelangen, zum Sportplatz, zum Sitz des Bischofs, zu den beiden dortigen Friedhöfen, unter Denkmalschutz, hätte, als zufälliger Hindurchgeher, als Passantin, Passierender oder schon Passierte kennenzulernen, das Atmen aus dem im Gehen oder von der niedergelassenen Musikerin leicht bewegten Akkordeonbalg, ein Saltellando imitierend, stimmlich, dazu, unsere hierorts fremd anmutenden Redestimmen, kleines Gerede im Gehen von einem Würfelwort zum nächsten, rikoschiert von den glatt gestrichenen Mauern der je einander ähnelnden, höchstens zwei Stockwerke, ein Dachgeschoss umfassenden Sommer-, früher Wohnhäuser, gewiss waren sie das,

waren doch nicht als Sommerhäuser, nein, nicht eine
Hansestadt als zukünftige Sommerstadt, wer hätte
das vorsehen können, auch direkt unsere Stimmen
im Crescendo der Akkordeonklänge allmählich
versinkenden, in eine Vergessenheit geratend, kaum
einer der wenigen, die uns begegneten oder die wir
kreuzten, hielt inne, um die Stimmen der Redenden
von dem nun ausgeglicheneren Balgzischen, dem
Wimmern, Pfeifen, dem Singen zu unterscheiden,
man wünschte einen guten Tag, ein kurzes Hey,
freundlich gesprochen, ausreichend nahe, dass man
es hören und erwidern konnte. Küssen ein
Randphänomen.

4.5 Die nach aussen gehenden Fensterflügel stehen offen
und werfen ihre Schatten dem Ocker des Abriebs nur
teilweise zu. Meistens geht er aufs Glas der gegen das
Innere zu öffnenden, geschlossenen Fenster, nur ein
Dreieck des Schattens mag auf dem Foto als eine dem
Sims anhängende Form auffallen.

4.6 Der Blick macht sich am rotbraunen Eckhaus fest,
geht von da die Strasse hinab, gleitet, stockt, bleibt
bei der Oberfläche einer Kanalabdeckung. Geht zum
kleinen Park hinab, reagiert auf die Geräusche von
Fahrzeugen, Gotlandtaxi, schwarz, kehrt zu den
Händen der Musikerin zurück, die zu den Tasten des
Instruments gefunden haben, folgt dem geradeaus
oder nicht gerichteten Profil der Musikerin, deren
Blick sich an einen Personenwagen, weiss, zu halten
scheint, ich weiss, dass sie auf die entstehenden
Klänge wartet, ihre Hand, die linke, hat sich vom
Instrument gelöst, ist zu einer Bewegung angehoben,
deren Sinn sich mir entzieht, von links nähert sich
der kleine Touristenzug, der von einer Dampflok
gezogen scheint, man weiss um den kleinen
Dieselmotor, er biegt in die Strasse zum Hafen ein,
einige Touristen vom Park her, schauen rasch zu uns

herüber, sie lauschen den Akkordeonklängen, der Stimme der Musikerin, ich fotografiere weiter, der Weg führt uns nach links. Das Zebramuster der Hosen der Musikerin und die Fläche nun der beiden Kanalabdeckungen bilden einen rechten Winkel zueinander, die Muster kontrastieren auf interessante Weise, das zeigt längeres Hinsehen auf das Foto eher als der rasche Blick nach vorn.

4.6.1.1.1 *A pigeon sat on a branch reflecting life.*

4.6.1.1.1.1.1 Warum?

5. Bei Einmündung Pallisadgatan in Visborgsgatan ca. 18 Uhr oder auch etwas später sagen wir 18 Uhr 10 ich fotografiere.

5.1 Ich fotografiere, nichts weiter. Wir folgen der Stadtmauer bis zum Osttor. Ich fotografiere, die Fotos sind als elektronisch gespeicherte Dateien in digitalen Ordnern, die Dateien tragen Bezeichnungen, die sich aus Buchstaben und Zahlen zusammensetzen, die Fotos sind durchnummeriert.

5.2 M. erstellt Listen von Klängen. M. folgt mit ihrer Stimme der Melodie eines schwedischen Satzes. Sie erahnt dessen Bedeutung, sie wird später nachfragen.

5.2.1 Möglicherweise. Möglicherweise erstellt M. Listen von Lautstärken, Klängen, Tonabfolgen, Stillen. Möglicherweise merkt sie sich Unterschiede zwischen den Geräuschen, die wir erzeugen und die auf uns wirken.

5.2.2 Ich fotografiere Serien, deren Auswahl mir freisteht, solange ich mich an die erwürfelte, mir so aus dem Ergebnis des Würfelwurfs abgeleitete Wegstrecke, mir, also uns, gegebene Strecke halte.

5.2.3 Woran dabei gedacht wird.

5.2.4 Die Fotos werden, wie sonst auch, durchnummeriert sein und das Datum ihrer Erstellung tragen.

5.2.5 Ich übertrage die Fotos in Ordner. Ich öffne die Ordner. Ich betätige „Vorschau".

5.2.6 Ich erstelle Listen, die Listen der Neubauten, östlich des Osttors, die Listen der Steinbindungen um die Leibung des Osttors. Die Liste der Palisaden und Zäune, um deren Variationsbreite ein Bild zu geben, die Liste der Strassenlaternen nahe der Neubauten über Grünflächen, die hier als Rasen und nicht als Wiesen gehen, die Liste der Busstationen am Busbahnhof, wir entscheiden uns für einen Ausflug, später werden wir ausfliegen, wir werden, wir beschliessen, als Passagierinnen im Postbus, das durchwürfelte Visby zu verlassen, der Vermieter wird uns zusehen können, wie wir schliesslich die Koffer zu einer Abreise aus einem späteren Visby bereitstellen, das Haus ist ein Wohnhaus im Weichbild der Innenstadt, im hansestädtischen Bezirk. Wir bewohnen es auf der untern Etage. Der Mietzins ist moderat.

5.2.7 Woran dabei gedacht wird.

5.2.8 Ich nahm mir die Fotos vor. Jetzt, viel später, zwei Sommer später, so wie ich sie, als zugeordnete, im Gerät vorfinde.

5.2.9 Was eine Passantin gedacht hätte, was ich als eine Passantin gedacht haben könnte, wie es dazu gekommen wäre, wie es jetzt, zwei Sommer später zu etwas kommen mochte, wie ich dies und das und mir vornehme.

5.2.9.1 Referenz auf einen Autor; Text; Sprache. Diese uns umschwebende höfliche Sprache. Das

Schwedische Gotlands unterscheidet sich durch die Aussprache und durch andere Eigenheiten vom Schwedischen Stockholms. Was den Fotos abzunehmen wäre.

5.2.10 Die 2 Häuser als Formangebot. Statik, Raum-Zeit, Echoräume, Reminiszenzen.

5.2.10.1.1 Kein Zitat es wird eine Fähre angekommen sein, so M., Passanten werden um den Weg gefragt, so sieht es aus und ganz zufällig passiert das bei jeder von uns her sichtbaren Strassenecke, klar frägt man dort, wo sich die Strassen kreuzen oder verzweigen, es hat seine Logik, so sagte ich doch. Gerade jetzt sagst du das, so sie, wenn etwas zunächst erstaunlich ist, man dann es einer Logik unterwirft, unterschlägt man sich. Da etc. Im Rücken Hotel Slotsbakken. Taxi 498-200200 Vorwahl Schweden? Da gibt es noch einiges von den Fotos her abzuleiten. Man nehme ein Foto.

5.2.10.1.1.1 Textversuch. Eigener. Eigener Textversuch. Einen Satz setzen. Dieser Satz ist ein Text. Ist ein Text Satz ist dies. Anschliessend in die Wohnung zurück und Notizen übertragen anschliessend in Eile zum Meer hinab, um dem Sonnenuntergang wie die vielen andern auch andächtig beizuwohnen, anschliessend das plötzlich angeregt laute Plaudern festzustellen anschliessend etc. Spezifikation dazu.

5.3 Maximal können 3000 Kronen gezogen werden, ich brauche nochmals so viel, um dann die Zimmermiete begleichen zu können, die 3500 SEK beträgt für 1 Woche.

5.3.1.1.1   *Nåttland Anyland Irgendland bildet einen eigenen Kosmos.*

5.4   Dieses und folgende Zitate siehe Anna-Karin Engdahl.

5.4.1.1.1   *Über die Verwahrlosung der Seele hinwegzutäuschen, ist viel einfacher als über materielle Not.*

5.4.1.1.2   *beklemmenden, uns von den Nächsten und vielleicht von uns selbst entfremdenden*

5.1.1   warum?

5.4.1.1.3   *Situation.* Als Gegenbild entwirft Engdahl ihre *Schwedischen Favelas.*

5.1.1.1.1.1.5   Den Rest des Tages zu einem Insert machen? Als eigene Textsorte? So? Abendspaziergang mit Jesper und Mirjam sie zeigen uns ihre Wege. Wir spazieren gegen 2 Stunden am Meer, im botanischen Garten, umkreisen den Pavillon, der sich für einen Auftritt eignen mag, gehen durch Gassen, zu einem, sind zurück, Bier auf unserer Mietterrasse, die ich noch nicht fotografiert habe. Oder als eigenen Textversuch einfügen?

5.1.2   Woran dabei gedacht wird, jetzt, als das Wort „demnächst" auftritt, gerade jetzt, so sie, dann, ausweichend.

5.1.2.1.1   *In dessen Zentrum stehen raumergreifende Installationen aus Karton und Klebeband als fragile und zugleich düstere Manifestation sinnentleerter Traditionen. Der schwedische Mittsommerbaum, ein Kompass, lösen ihre Versprechen einer friedlichen und offenen*

Gemeinschaft nicht mehr ein. Die Zeichen für die zyklische Erneuerung des Lebens und freie Beweglichkeit im Raum sind nur noch Schatten ihrer selbst. Ohne verlässliche Symbole entsteht ein Vakuum, das den Einzelnen sich selbst überlässt. Die Fixierung auf materielle Sicherheit erstickt jeden Impuls der Befreiung aus einer beklemmenden, uns von den Nächsten und vielleicht von uns selbst entfremdenden

5.2 Ich fotografiere, nichts weiter. Wir folgen der Stadtmauer bis zum Osttor.

5.2.1.1.1 *Situation.* (Anna-Karin Engdahl für den Düsseldorfer Klangraum. Sie studierte an der Universität Umeå, Schweden)

5.3 Der Tagesablauf mit seinen Zeitspannen als Formangebot.

5.4 Nichts weiter. Wir folgen der Stadtmauer bis zum Osttor. Man fotografiert. Man grüsst. Man sagt den hochgelegenen Stadtrand, den sommerlichen Sonnenuntergang weit unten über die Stadtmenge hinweg ein einziger langer Blick, jetzt ist sie weg. Ich fotografiere.

5.4.1.1.1.1.5 Im Park längs der Strandpromenade kann man junge Menschen Kupp oder Kubb spielen sehen, man kann sie kurze Stäbe oder Holzklötzchen werfen sehen und man kann in fremder Ordnung in den Grasboden innerhalb eines abgesteckten Felds gestellte Stöcklein mit quadratischem Querschnitt erkennen mitten drin ein etwas längeres. Man sieht auch kleine bunte Holzkugeln, man sieht werfen und Wurfhaltungen.

5.4.1.1.1.1.6   (Fotos ab DSC02552)

3

0. Tonsätternes Hus / Composers Hall 9 Uhr 42 und es ist = [hʌf], +, x ÷. [2]

0.1 Das Datum unbeachtet lassen, erster Augusttag, *Carnet*.

0.2 Nicht weit vom Haus, das direkt an die breite Strasse gebaut da steht, wo parallel zur Kante gegen den Segelhafen am Haus vorbei Passanten gehen, eine schöne Strasse, die vorbeiziehen lässt, wer zur Fähre oder zu einem Eis will, ein Eis ordern will aus der Auswahl von, wie die Werbung weismacht, von hundert verschiedenen Rezepturen, die vielleicht hundert abgestufte oder kontrastierende Düfte, Geschmacksrichtungen, Farbnuancen erwarten lassen, hervorbringen, vor den auf den niederen Treppenstufen Hockenden, sie zusehen macht, wie einige kleine Koffer nachziehen, einige ihren kleinen Beutel schwenken. Mit dem Ziel, den Anlegepunkt der Fähre zum Festland zu erreichen, mögen Passanten auf der weiten, den Fussgängern vorbehaltenen Fläche in scheinbar zufälliger Anordnung aufgestellte, einfärbig leuchtende Plastikkübel gesehen haben. Ein kleiner Pavillon ist eingerichtet, unter Umständen bloss für diesen einen Sommertag, einige neue Abonnenten für einen Telefonnetzbetreiber anzuwerben.

0.3 Das Haus steht mit der Hauptfassade gegen die Segelhäfen gerichtet.

0.3.1 Man erinnerte sich. Man erinnerte sich vage. Die Bewegungen wolle sie konstruieren, rekonstruieren. Sie schiebe die nicht gemachten Fotografien vor sich her, schreibend dächte sie an die fehlenden Fotografien, sie dächte daran, wie sie vor dem Haus gestanden hätte, wie sie kein Foto im Innern des Gebäudes, es entstünden ihr Farben, sie hätte versucht, sie versuchte weiter, für jeden Punkt im Bild, der auf einer Kante läge, alle möglichen Parameter der zu findenden Figur im Dualraum des Textes einzutragen. Sie wüsste ihr Scheitern im Voraus zu benennen.

0.3.1.1 Spezifizierung dazu, Referenz auf Autorin, Bild. Sprache. Ich beschreibe nicht Basel, sondern ich schreibe einen Text und nenne ihn Basel, ich erzähle nicht Arada-Inn in Port-Salut, ich stelle die Fotos von Sihlbrugg-Motel vor mich hin, vor die Reihe der Bücher zu Haiti. Ich öffne den dem Tag entsprechenden Ordner und lasse die Gruppe der Fotos zum Würfelpunkt am Bildschirm vorbeigleiten. Ich sehe das Foto. Erster Würfelpunkt des Tags *Tonsätternes Hus*.

0.4 Wenn eine Besucherin am frühen Morgen den schmalen Eingangsflur das Vorzimmer kein Windfang nein einmal durchquert, kann sie sich entscheiden, die breite Treppenflucht zu den Stockwerken Etagen hinaufzueilen, um im oberen Geschosse den Aufenthaltsraum zu betreten, sich in der Küche, Teeküche, umzusehen, ob sie oder er schon einen Kaffee, ein Brötchen, die Tasse Tee sich aufzugiessen, darauf könnte sie sich auf dem Weg dem Hafen entlang schon gefreut haben. Sie mag dann auf den Leiter des Instituts treffen, auf einen Gast, eine junge Komponistin, diese mag gerade eben aus dem elektronischen Studio, so sagt sie später, sie

sei da gerade an einer sie beglückenden Arbeit, sie
trifft dann auf Sten. Manchmal wird sie dann auf
einen jungen Komponisten treffen. Das vorgelagerte
Zimmer mag sie durchqueren, sie weiss dann noch
nicht, dass sie sich da, im vorgelagerten Raum,
gemütlich niederlassen darf, dass sie eine
Berechtigung hat, sie als eine Komponistin mag sich
berechtigt fühlen, sie mag sich nicht wirklich
berechtigt wissen, sie geht zum Sofa und setzt sich,
sie setzt sich nieder, sie schaut dem Komponisten zu,
der Komponist geht seit einem Unfall am Stock, sie
setzt zum Plaudern an.

0.4.1.1.1 *Im Jahre 1864 wurde beschlossen, das alte
Seezollamt, seit 1697 an der Skeppsbron,
durch ein grösseres Gebäude zu ersetzen. Es
sollte den neuen Bedürfnissen und
Architekturidealen entsprechen. So wurde
südöstlich des bestehenden Gebäudes ein
neues Zoll- und Lagerhaus mit der Langseite
gegen die Skeppsbron im Nordwesten erbaut,
das zwei Jahre später fertiggestellt wurde. Der
Grundbucheintrag erfolgte wahrscheinlich mit
dem Neubau. Das alte Gebäude wurde kurz
nach Fertigstellung des Neubaus abgetragen.
(Übersetzung aus dem Schwedischen von
François Renaud)*

0.4.1.1.1.1 Eigener Textversuch: möge hier fehlen.
Später vielleicht, man kann das später
erledigen.

0.5 Handelshaus, irgendetwas im Zusammenhang mit
dem Hafen. Ziemlich alt. Mehr weiss eine nicht.

0.6 Man fragt nach Sten oder Jesper.

0.7 Das Haus steht mit der Hauptfassade gegen die
Segelhafen. [*folgt Beschreibung, warum*]

0.8 Gerne gebe ich Dir eine grobe inhaltliche Übersetzung des mir zugestellten Textes.

0.9 Wir gehen los. Wir halten gleich inne. Wir bleiben, der Würfel will's.

1. Weil sie da daheim ist spielt sie dem Haus 1 Seemannslied.

1.1 Liegende Töne Kawasakitransporter gibt mit seinem Motorengeräusch den heftigen Schlusspunkt Skeppsbron 18 lautet die Adresse wir werden am Nachmittag erwartet im Tonsetzerhaus ich fotografiere Details auf der Erde dem Asphalt dem Kalkstein diesmal.

1.2 Weil sie da daheim ist, spielt sie dem Haus 1 Seemannslied auf liegende Töne. Der Kawasakitransporter gibt mit seinem Motorengeräusch den heftigen Schlusspunkt. Skeppsbron 18 lautet die Adresse.

1.3 Das Hafengelände zeichnet sich durch eine besonders feingliedrige Strassen- oder Wegstruktur aus, die es erschwert, die Regel anzuwenden.

1.3.1 Wann eine Einmündung als Abzweigung werten, wie zählen, wie die Regel interpretieren. Wie vom Ausgangspunkt wegkommen. Wie einem Passanten unser Würfeln erzählen. Wie das Haus nicht betreten. Wie die passierende Stipendiatin grüssen. Wie die Abfolge der Grussformeln einhalten.

1.4 Das Foto zeigt, wie die Masten der Yachten die weiter hinten auf den aufgeschütteten Partien, Molen, vielleicht Piers, zu sehenden Hafenanlagen, darunter ein weisses Silo und ein niedriges, in als typisch geltendem Braunrot gestrichenes Lagergebäude rahmen, schraffieren, durchstreichen, ein sanftes Schwanken muss imaginiert werden.

1.5 Neben den Landungsbrücken für die grossen Fährschiffe angelegt ist ein Bootshafen für grosse Segelschiffe, Yachten. Einige Boote, vor allem die kleineren, motorgetriebenen, mögen für die Zufahrt zu den vom Land her schlecht zugänglichen Sommerhäusern bereitliegen, wie man sie beinahe überall in Schweden kennt und liebt, so hört man immer wieder, man erfährt es aus Filmen, die der Landeskenntnis förderlich sein und so auswärtigen also in anderen Ländern wohnhaften möglichen Besuchern die Orientierung in den Landesgebräuchen erleichtern sollen. Wie unterschiedlich hoch die schwankenden Masten der Ausflugsboote und Yachten sich gegen den sehr blauen Himmel abheben, man könnte die Höhe der Mastbäume abmessen und die gefundenen Masse miteinander vergleichen.

1.5.1 Woran dabei gedacht wird, was dabei ausgesprochen wird, die kleinste Augenzahl bei einem Würfelwurf ist gewürfelt, wir bewegen uns eine unbedeutende Wegkreuzung weiter, nach rechts, da, nach rechts, weil der erste Wurf von den Eingangsstufen hinab, weg, eine gerade Zahl.

1.5.2 Woran dabei gedacht wird, was dabei nicht ausgesprochen wird, was also ... was hast du dir also ich Ich mir und so weiter was fällt dir da ein ich mir zum Mir von Ich aus darf ich Ich das ...

1.5.2.1 Mole, Pier, Kai. Anlegeplatz für Schiffe, man entnähme die Bezeichnung in der Landessprache dem praktischen kleinen Wörterbuch, man müsste diese aufgeschütteten, ins Meer aufgeschichteten Grundbauten, Trägerbauten von Werkgebäuden, Abfertigungseinrichtungen, begehen, man könnte, man tut es, soweit die so gebildeten Flächen nicht abgesperrt sind. Besucher der Insel sähen sie bei der Ankunft des

Fährschiffs von sehr weit oben, aus einer Höhe, die einem vielleicht sechsstöckigen Mietsbürohaus, Wohnhaus gleich käme, entspräche, laut sprechend, still, blickten sie von den Umgängen durch die trüben Kunststoffscheiben, über die Reling hinüber zu den überaus winzig erscheinenden Wohnhäusern, die hervorragenden Kontore, Kirchenruinen, die Silos, das einer schon bekannte Komponistenhaus, auf einige Fabrikgebäude der erwarteten Küsten-, auch Hauptstadt, man erblickte eine putzig genannte Windmühle, sie sähen die steil erscheinenden bedeckten Treppabgänge, sobald sie sich von der sommerlich blauen, tageszeitlich dunkelblauen, schwarzen beinah Meeresfläche weg ihrem Ankunftsziel zuwenden. Sie hätten der beinah noch blauen Meeresfläche den Rücken zugewandt, sie hätten Wartende, Erwartende hätte man erst später, so wusste man es dann, nach Durchquerung der Ankunftshallen und nach dem Warten auf eventuelle Gepäckstücke, sehen können. Man könnte, man hätte können, sehen, erblicken, übersehen können, gewiss hätte man vieles schon übersehen, gerade im Moment des Umdrehens hätte man herbeirufen, vermissen können, man wusste das, man vermisste, als Ankommende, niemanden, man hätte vor Ort von niemandem gewusst, den man hätte vermissen können, nicht wahr. Man muss Visby nicht sehen, wie es ist, man muss sie parteiisch sehen, wie, bei Konrad Bayer, Gösta Berling, der das Eis sah unter der Mitternachtssonne.

1.5.2.2 Man hätte rasch und dezidiert von der Rampe her kommend Festland betreten, jedenfalls, nicht wahr, blickte man, blickten wir beide, von da an, vom Rand der Insel, wiederholt, zurück oder hinaus in die Bläue, die auch eine Röte, eine Gelbigkeit, ein heftiges Grau und Schwarz etc. Man zählte gegenseitig im Wechsel die Namen auf, Ostsee, Baltische See, Westsee, je nach Herkunft wüsste man andere Namen. Ein anderes Mittelmeer.

1.5.2.3 Man durchruderte. Es war der Vorhang.

1.5.2.4 Man beginge. Es ist Feld.

1.5.2.4.1 *gibt es etwas schöneres als sätze, die an den dingen vorbei gehen?* (Hartmut Geerken)

1.5.2.1 Es gehe um den Namen dieser hier unsichtbaren, geschriebenen Stadt und um dessen Aussprache. Man hätte den Namen buchstabiert. Man wolle drauf achten, wie der Name ausgerufen erklinge. Man hätte dem Lauten nachgeforscht.

1.5.2.1.1 *Das tiefe Blau bekommt Risse. Durch die so homogen erscheinende Fläche, die das Meer auf den Landkarten darstellt, verlaufen Grenzen. Diese Linien grenzen wirtschaftlich nutzbare Seegebiete ab.* Nicolas Escach in Le Monde diplomatique, August 2016

1.5.2.1.2 *// die ufer / des wassers auf / seiner erde / sind wieder / aus wasser //* (Wolfram Malte Fues in *skalpeskalpelle*)

1.5.2.1.2.1 eigener Textversuch

1.5.2.1.3 *Zitat* als Zitat?

2. Ecke Hamnplan Strandvägen.

2.1 Nein. Nichts.

2.1.1 woran dabei gedacht wird

2.1.1.1 Ecke Hamnplan Strandvägen die Fähre anlegen sehen sie legt an sacht legt sie an und ein Frachter ist dort wo der Hafen Raum gibt fürs Dortsein und ein Kutter so sehe ich's wird bewegt bewegt sich oder wie und ein Lotsenboot möglicher weise und wieder springt der Cursor während ich in Linie tippe und das Mögliche.

2.1.1.2 Lotsenschiff steht still und 1 Frau schiebt 1 Kinderwagen wieso soll ich Mutter schreiben ich weiss nicht Frau möglicherweise und ein Strassenreinigungsgerät fährt verschwindet um die Ecke und 1 Mann in grünem Unterhemd so hätte man damals gesagt und 1 Mann mit nacktem Oberkörper den er gerne zeigt mag sein und mit lila Sporttasche und die Auspuffgase der Fähre sehe ich steil ansteigen und die Masten der Segler im Segelhafenbereich schieben sich langsam aneinander vorbei je nachdem so oder so an den Wanten eines dunkel gestrichenen Boots spiegeln die kleinen Wellen als Funkenwurf dazu die Fotos dieser Strecke vom Vortag da gab es jene des kleinen Bunkers direkt an der Strandpromenade und seiner Inschrift Erklärung auch Tarkowskij?

2.1.2 Warum ist es hier schön.

2.2 Spezifizierung dazu (→ Fotos ab DSC02596) es sind die kleinen Vierecke.

2.2.1.1 Es ist klar, man könnte die Farben abkupfern, man könnte eine Kupferplatte herrichten und mit Pigmenten etc. man könnte die Platte andrücken. Es ist eine Ansicht. Den Plastikbecher könnte man im Vorübergehen aufheben und genauer betrachten, er trägt Spuren, man hätte auch die Grashalme, die trüben Schatten, die Schrägen, den nach oben

gestürzten Boden, den engeren und den weiteren
Zylinder, man hätte den Tastsinn, den Becher
ans Ohr, ans Akkordeon, in die Nähe des Balgs,
der Austrittsöffnungen, der Hand der Musikerin,
man hätte den Becher auf den Tisch stellen
mögen, um ihn im Licht zu betrachten.

2.3 Es ist klar. Es ist sehr klar und blau. Es ist gross. Es ist
grün. Es ist nicht Zeit. Es ist. Es ist Zeit. Mag es Zeit
sein für, sagen wir, für eine Pause, ein Innehalten, ein
Herunterfahren, es ist sehr klar.

2.4 Nach den ersten Schritten, kurz nachher, es hätte
sich so angeboten, sie setzten sich ins Gras, nachdem
sie vielleicht mehrere Minuten, nachdem sie kaum 50
Meter, nachdem sie, mit raschen Schritten, sie hätten
wiederholt einigen Vögeln zugesehen, sie hätten sich
umgewandt, sie wären sehr langsam, die Wiese hätte
sich angeboten, mit dem Rücken zum Gebäude
wären da ein paar Menschen, eine kleine Gruppe
Menschen, sie hätten da gesessen, während sie, die
Musikerin und die andere, während also wir, sie
hätten da ihre Brötchen, ihre Bücher, ihre
Mitbringsel, ihre Hüte, also über das
kurzgeschnittene Gras mit den kleinen Resten von
früheren Ereignissen, Zigarettenpackungen,
Plastikbecher, nicht viele, ein paar wenige Spuren
früherer Ereignisse, schöner Sommernächte etc., sie
hätten die Wiese betrachtet, den schwarzen Vogel,
den sie als Dohle erkannt hätten, die
durchhängenden Seile zwischen den weissen Pfosten,
die Pfoten des einzigen freilaufenden Hundes an
diesem Tag, den schönen grauen neuen Asphalt, das
niedrige, flach sich dehnende, jetzt zu dieser Zeit,
menschenleere, ruhende Glasgebäude in seiner
Ausdehnung längs des Strands, die vier oder fünf
steil in den Himmel ragenden, steif, von Rahmen
steif gehaltenen rosa Flaggen, wie sie sich vom

heftigen Himmel, seinem Blau abheben, sie hätten im
Chor die Inschrift *Kallés* laut nachgesprochen. Sie
hätten sich korrigiert, sie hätten das Rosa der
senkrecht anstehenden Flaggen als knappes Weiss,
sie hätten die Inschrift als rot bezeichnet. Vielleicht
hätte einer zu einer gesagt, dass sie sich nicht
getäuscht hätten. Die beiden Vorbeispaziererinnen
hätten, was gesagt, gesprochen, gesungen wurde,
nicht verstehen können, sie hätten noch immer kaum
Schwedisch verstanden, sie hätten die fröhliche
Stimmung erkennen können, wenn sie nur darauf
geachtet hätten, so sagten sie nur wenig später, beim
nächsten Innehalten, einer kleinen Beobachtung
wegen oder so.

2.5 Vor dem langestreckten Glaskörper, zwischen
Schranke und Fassade ein einzelner Mensch in
weisser Kleidung. Etwas weiter rechts einige
Fahrräder abgestellt, ein Fahrrad liegt quer dazu.
Man könnte die Fahrräder abzählen. Man lässt es
bleiben. Hinter dem Glasbau zwei bis drei
Baumkronen, das Gebäude ist in einem sicheren
Abstand zur See errichtet, damit es die zu
erwartenden Winterstürme unbeschadet übersteht.

2.6 Weiter links zwei eingeparkte Personenwagen.

2.7 Die Zigarettenpackung, die Löwenzahnblüte, die
Gräser, der Marienkäfer auf seiner Unterlage, ein
Papierfetzen, die silberne oder silberfarbige Hals-
oder Schlüsselkette, vielleicht, die Kette der Dinge,
die Farben von Gräsern, der leicht schräg
gewachsene, rötliche Blütenstiel, die vertrockneten
Grashalme, das Gewirr von Pilzfäden im
Verrottenden, nein, vermutetes, nicht wirklich zu
sehendes Erdreich, die Kadrage, die den Ausschnitt
seitlich bestimmt, der Fokus, mein Fokus, wandernd,
die Schärfentiefe, der sich aus der Kadrage ergebende

untere Bildrand. Das Überraschen. Die Inschrift auf
der Packung.

2.8 Die unscharfe Begrenzung von Asphalt zu
Rasenfläche, als ob die Grenzen in Bewegung wären
und einander zu überschreiten wünschten.
Tendenzen des Grenzhaften, im Innern.

2.8.1.1.1.1 Zwischen Dohle und halbleerer gestauchter
Petflasche der fixierte Abstand, am obern
Rand der Fotografie ein Maueransatz, Fuss
der Stadtmauer, Befestigung, nein, keine
Sockelgestaltung, die Mauer scheint der
Wiese zu entwachsen und ist dennoch klar
abgesetzt. Ein Sockel, als Mauerverstärkung
zu verstehen, gegen die See hin, gegen die
Sommers erinnerten Feinde, man spielt
nach, man baut die Bühne auf. Die Ecke der
Mauer bei Richtungswechsel, parallel zur
Seelinie, schräg dazu, in den Bogen
übergehend der ehemaligen Hafenkante
entlang, sie scheint mir frisch mit hellerem
Mörtel nachgezogen, vielleicht ein
Lichteffekt, Effekt der Kadrage, man
unterhält die Mauer, grosse Sorgfalt etc.
Baumgruppe, zweispuriger Geh- oder auch
Fahrradfahrweg. Die See. Die sehr blaue See,
der helle Himmel, die See, der Himmel, die
Weite, das weisse, unidentifizierbare Ding in
der Weite, das unidentifizierbare Ding
zwischen den Grashalmen, die Dohle.
Almedalens Hotel, ein einheimischer
Spaziergänger würde möglicherweise nicht
täglich, bei seinem täglichen Spaziergang, auf
das ovale Schild achten. Man mag jetzt,
sommers, an Winterstürme gedacht haben,
man mag sich hinter die hohe Mauer, die
damals, zur Hansezeit, errichtet wurde,

denken. Man mag sich in die verwinkelten Räume des Hotels hineindenken, was das Foto zeigt, der Blick dringt in den Flur ein.

2.8.2 Noch will ich mich an die Würfelpunkte / Fotos halten, um dann später Präzisierungen aus dem mitgebrachten Material zu einzelnen Punkten einzufügen. Später ist es, es ist noch nicht später, immer ist es schon später geworden. Noch. Will.

2.8.2.1 Zitat / Wiederholung / Zerdehnung etc. zwei Sätze *es ist sehr klein* und *es ist sehr gross* (Wolfram Malte Fues in *SkalpeSkalpelle*)

2.8.2.1.1 Zitat *es ist sehr klein* (Fues)

2.8.2.1.1.1 *et cetera und da sieht man kurz einen et cetera*

2.8.2.1.1.2 Ja, die andere Sprache *et cetera* nicht vergessen haben, auch die Tastatur des Akkordeons, diese beschreiben, jemanden, der innehielte, einer also eine nähme Kenntnis von der Anordnung der Tasten für die Rechte, da wären auch die niedergedrückten oder belassenen breiten Tasten oder Klappen zu erwähnen, jemand fragte nach deren Funktion, nachdem jemand der Musikerin im Beisein der Notiererin längere Minuten den manchmal, so mag man sich sagen, liegenden, den aufschreienden, den plötzlichen, angekündigten, durch die Körperhaltung der Musikerin kaum angedeuteten Intensitätsabnahmen oder Zunahmen nachgehorcht, gelauscht, ganz einfach zugehört hätte, die Akkordeonistin hätte für ihr Spiel einen Punkt ganz in der Nähe des erwürfelten Zwischenziels ausgewählt, das geht an, das kann ja nicht angehen, geht das an, das geht ja gleich wieder an.

2.8.2.1.1.3   Am Rand des von Stockwerken überbauten Bereichs, der als eine weite Halle wohl Raum bietet für sommerliche Anlässe, möglicherweise gerade eben gereinigt, ein magerer Oleanderstrauch in nicht allzugrossem Topf, gerade so klein, wie er noch leicht, im späten Herbst, an einen geschützten Ort, Keller vielleicht oder Wintergarten, vielleicht von einer Person alleine, verschoben, nein getragen zu werden keine Mühe macht. Die weite Hallendecke, also die darüberliegenden Etagen, tragen versetzt angeordnete, runde, weiss getünchte Betonsäulen, die in Abständen so angeordnet sind, dass sehr wohl grosse Tische, eine Tanzfläche, eine Bar einem grösseren Publikum, einer grösseren Gästeschar Raum für sommerliche Vergnügungen bietet. Jetzt, in diesen für Sommerzeiten noch frühen Stunden, ist niemand da, jedenfalls auf dem Foto kann niemand ausgemacht werden, auch sind keine Stimmen hörbar aus der Erinnerung an den Moment des Fotografierens. Allein die Akkordeontöne, Spuren unserer eigenen Unterhaltung, das Klappern des Würfels am Zementboden. Grosse Mengen aufgeplusterter Plastikbahnen, die als Schutzfolien einen Fussboden, als Abdeckung von Kunstwerken, von im Bau befindlichen Mauerteilen, als Medium für die Aufzeichnung von Plänen, gedient haben mögen, scheinen auf eine andere Absicht hinzudeuten, der freistehende Anhänger bunt verziert, eine Art grosszügiges

Wolkenmuster vielleicht rosa, weiss, hellblau, schon wieder diese Farbenkomposition, nahe dem gegenüberliegenden Gebäude, Industrie-, Schulgebäude, es sind Semesterferien.

2.9 Auf einem der langen sechs Holztische auf dem Rasenband zur Strandpromenade hin ein einzelner Aschenbecher. Die schweren Bänke und Tische scheinen im doch schon höher stehenden Gras einzusinken, tun es aber nicht, es ist das schon nachgewachsene Gras, das diesen Eindruck erweckt. Den siebten Tisch im Vordergrund kann man als gleich gebaut vermuten, man erinnert sich nicht wirklich, ein Stück Stoff oder die Ecke eines Schals. Weit hinten, vom Park her kommend, eine schlanke Person, Joggerin? Drei ebensolche Oleanderbäumchen.

2.9.1.1 Und wie verlaufen nun die weiteren Vokale und Umlaute durch die Wörter. Diesen Satz als Frage vorgefunden. Neben dem kleinen, durchscheinenden, leicht verbeulten Trinkbecher im leicht feuchten Gras bei den nun schon trockenen Tischen. Schön im Licht. Sehr schön.

3. Vor Ringmauer bei Fiskarporten Kruttornet 10 Uhr 20 die Sitzbank, *la pancarte,* das Tor zur Rechten, ein Tor, ein Durchlass, was zur Schwelle hier nicht gesagt wird und da sieht man kurz.

3.1 Spezifikation dazu, wiederum, man schlenderte, säumte, die Würfelaugen gezählt habend, die Anzahl Verzweigungen abzählend, über Gras, das einen Rasen bildete, einem Park Grund gäbe, eine Erinnerung an ein Hafenbecken bärge, eine Zuschüttung vergessen liesse, man wunderte sich, den Park überblickend, den Blick auflaufen lassend, an der Mauer, eine geschwungene Linie bildend, die

Stadtmauer, man erführe, dass es sich um die ehemalige Begrenzung der Stadt, aus der Zeit der Hanse, gegen das Hafenbecken handelte, man nähme sich vor, der Mauer nachzugehen, später, nicht mehr eingebunden in die Regel, die gerade jetzt diesem Gang Form gab, diesem Nachschreiben des Gangs eine Möglichkeit einer Folge etc.

3.2 Man promenierte, schaukelte, hielt inne.

3.2.1 Woran dabei gedacht wird, es wird an den Film *offret* gedacht. Der genaue Ort, an dem das für den Film aufgebaute Haus für die Aufnahme zweimal abgebrannt wurde, ist 56°59'52.30"N, 18°22'38.86"E; man findet vom Haus keine Spuren, nur das nahe Wäldchen ist erhalten. Das Foto zeigt es nicht, das Foto zeigt den Leuchtturm, der auch im Film seinen Auftritt hat. In welcher Szene lässt die Passantin offen.

3.2.1.1 Es regnete. Die Sonne schien. Man promenierte, man trank Tee. Es war ein Sommertag. Es ist sonnig. Es ist klar. Es fühlt sich gut an. Nähere man sich Visby als einer erfundenen Stadt, komme man ihrer Wirklichkeit am nächsten. Über den Feldweg nähert sich ein Fahrradfahrer. Das Wäldchen erscheint unverändert. Das Wort *flana* aus dem Altisländischen übers Normannische ins Französische, man flanierte, bummelte, zog ins Feld, kreuzte auf hoher See, es nebelte etc. es ist sehr sein Ihres. „VISBY", gesprochen, werde am Festland nach der Regel zu WISBÜ mit eher kurzem „i" und eher dunkeln „ü", hier, so die Informantin, mutiere das „y" zu einem beinah singenden „i"-Laut. Die Herkunft einer Sprechenden verlaute so oder so, es ist schwer zu sagen, es lässt sich nicht, es handle sich, es scheint so, das Wäldchen scheint unverändert, es ist alles anders.

3.3 Hier ist es schön.

3.4 Sie stehen bereit. Sie sind eines und eines und hängen durch. Sie sind einander gegenüber als zwei oder drei. Sie stehen an ihm. Sie und sie und er wären bereit, wenn sie und sie denn innehalten wollten.

3.5 Kruttornet 10 Uhr 20. Bis hierher gelangt, von hier aus einen nächsten Würfelwurf getan.

3.5.1.1.1 *hier ist es schön* (Lucius Burckhardt, Erfinder der Promenadologie)

3.5.1.1.2 Stellen Sie Ihrem Kaffeelöffel Fragen. (Georges Perec)

3.5.1.1.2.1 Die Ringmauertour startet um 11 Uhr ist einem an die Sitzbank angehefteten Blatt Papier zu entnehmen M. (oder S.) beschliesst nachdem sie einen Ton wieder aufgenommen hat und eine Weile gespielt hat, genug gespielt zu haben junger Mann fragt ob wir die Tour leiten es ist noch viel zu früh für die Tour später oder ein andermal sehen wir Personen in der Ringmauer gehen wir schauen aufs Meer es ist schön aufs Meer zu schauen das Meer liegt dunkel da unter dem hellen schwedischen Sommerhimmel heute 1 Frau fragt ob wir die Tour leiten es sind immer wieder dieselben Spaziergänger von links dann vom Meer her sie erwarten eine Tour so denken wir wir sagen es etc. sitzen eine weitere Weile im Schatten der Mauer und reden von Ebbe und Flut und wie es damit stehe hier.

4. Knapp innerhalb der Ringmauer bei Fiskarporten mit Blick auf Kruttornet die der Rundung der Mauer folgende Innenstrasse, die Innenreihe der Wohn-, Fischershäuser, wird Fischfang betrieben,

jemand weiss nicht, jemand weiss, wo die Fischerboote, kleinen Kutter liegen, gerne verbringt man, liest man, das Wochenende an einem solchen Ort, wenn da von Ort gesprochen werden kann, weshalb nicht, das kann ja nicht angehen, was macht ein Fragment eines Ortes aus, kein Ortsteil, kein Ort.

4.1 Spezifikation dazu gleich innerhalb der Ringmauer bei Fiskarporten mit Blick auf Kruttornet Pulverturm ich denke an den Pulverturm in Zug kleiner Bub mit Teddy junge Frau mit Karton Rosé sie trägt ihn wie eine Handtasche mit sehr hübsche Handtasche getupfte Bluse weisser Grund grosse schwarze Tupfen umhüllt weichen Frauenoberkörper Frau lobt Musik und greift nach dem Fahrrad etc. Die Spaziergangswissenschaft. Warum ist Landschaft so schön?

4.1.1 Knapp innerhalb der Ringmauer bei Fiskarporten mit Blick auf Kruttornet die der Rundung der Mauer folgende Innenstrasse, die Innenreihe der Wohn-, Fischershäuser, wird Fischfang betrieben, jemand weiss nicht, jemand weiss, wo die Fischerboote, kleinen Kutter liegen, gerne steht man bei der Mauer gegen die See gewendet, gerne stellt man seinen Wagen auf die Fläche aus groben Kieseln, gerne macht man einen ersten Schritt und geht in Gehen über, man steht gerne verbringt man, liest man, das Wochenende an einem solchen Ort, wenn da von Ort gesprochen werden kann, weshalb nicht, das kann ja nicht angehen, was macht ein Fragment eines Orts aus, wenn Ort nicht gegeben, was heisst Ort, frag Cacciari in Venedig. Ach, Venedig, Keine Ortsteile kein Ort.

4.1.1.1.1 *Fiskarporten / Kruttornet Kruttornet / Kärleksporten / Sprundflaskan / Murfallet /*

> *Jungfrutornet / Kames / Snäckgärdsporten / Lybeckerbreschen / Tranhustornet / S:t Göransporten / Långa Lisa / Norderport / Mynthuset / Smörasken / Brunnsporten / Dalmanstornet / / Dalmansporten / Sparbössan / Österport / Kvarntornet / Skolporten / Tjärkoket / Kajsartornet / Kajsarporten / Söderport / Skansporten / Palissadporten / Visborgsslott*

4.1.2 Ich schlaf und schlaf und plötzlich ist es still.

4.1.2.1 In wechselndem Licht, aus wechselnder Perspektive, meist aber vom Zimmer aus aufgenommen, bilden die Fotografien des Turmes ein Ostinato.

4.1.2.2 Ostinato meint im Bereich der Musik eine sich stetig wiederholende Figur; *ostinato* (ital.) bzw. *obstinatus* (lat.) = hartnäckig, stetig, eigensinnig. Siehe auch *loop*.

4.1.2.2.1.1.1 Der Titel der deutschen Ausgabe von George Perec, *L'Infra-ordinaire* lautet *Warum gibt es keine Zigaretten beim Gemüsehändler?*

4.1.2.3 Der Turm *Dalmanstornet* kommt im Licht verschiedener Tageszeiten sommers deutlicher als im April auf unterschiedliche Weise ins Bild. *Dalman* ist ein heute wenig gebräuchlicher Vorname (männl.), auch Familienname (dt.? schwed.?).

4.1.2.3.1 *Dalmanstornet*

4.1.2.3.1.1 Eigener Textversuch zu obigen Zitat = Auflistung der Turm- bzw. Tornamen ev. auch unter 4.1.2 diesen Punkt fortsetzen. Wieder den Turm vom Zimmer aus fotografiert. Nochmals. Ich fotografierte den

Turm *Dalmanstornet* gerne und immer
sommers, stehend in der Achse des Stegs, auf
welchem man den flachen Graben zwischen
Ringmauer und Feld leicht überwand,
wieder, es war Sommer, dann war Frühling,
ich fotografierte den Turm vielfach,
vervielfacht *Dalmanstornet* beharrlich, stand
stur da, ich am Fenster gegen die *Nygatan*,
des ehemaligen Schulheims, dort, später, in
einem spätern April, *Uddensgränd* geht
direkt auf den Turm hin, ich stehe in der
Mittelachse der Gasse, im Fenster über der
Gasse, zentriert, die Glocken spielten, Haus,
Glocken, rückwärts, im Rücken, Mittagslicht,
Frühlicht, Abenddunkel etc. Grosse
Hartnäckigkeit des Turms, der obstinaten
Musik, Genuss an der Repetition
meinetwegen.

4.1.2.3.1.2 Oft sind hier Ränder nicht als solche zu
erkennen. Man spräche nicht von Rändern.
Man bewegte sich nicht an Strassenrändern,
lebte nicht an Rändern, hier. Bis man dann
das Tor passierte, Rand passierte, dort, da,
Rand wäre, eine erstaunliche
Randständigkeit auf der zur Altstadt andern
gepflegten Seite der gepflegten Stadt-, auch
Ringmauer, am Östertorg, dem man sich
durch die Österporten genähert hätte, das
hätte festgestellt werden können. Das wurde
dann festgestellt. Fischsuppe und
geschmortes Rindfleisch. Kuchen und
Espresso, Kuchen und Sambuco mit 3
Kaffeebohnen, so macht man das in Italien,
so die Kellnerin in ihrer schönen englischen
Sprache.

5. Ecke Lyskagränd Strandgatan 10 Uhr 44.

5.1 Spezifikation dazu Ecke Lyskagränd Strandgatan 10 Uhr 44 was war da wir bleiben nur kurz es gibt die Fotos dennoch einige Details an alten Gebäuden o.k. das mag reichen bald trinken wir Kaffee bald sind wir in den Kleidergeschäften am Nachmittag sind wir im Tonsetzerhaus erwartet. Jesper zeigt mir das Haus während Margrit schon mit Sten redet und dann trinken wir zusammen Kaffee. Später in der Almedalen-Bibliothek erproben wir den Musikhörsessel, eine gute Sache. Um 20 Uhr in S:t Lars tritt eine oder eben DIE Gotländische Shakespeareimprovisationstruppe auf. Was die bietet, ist bitter schlecht, es muss gesagt sein. Später am Tag wählen wir, um unsere Wohnung zu erreichen etc. Wege, auf die wir über Würfeln bisher nicht kamen, d.h. apropos Fotos.

5.1.1 Woran dabei gedacht wird, dazu manches später, also jetzt, nein, später noch. Viel später.

5.1.1.1 Referenz auf Sprache, also hier wird gesprochen, wenn gesprochen wird.

5.1.1.1.1 Zitat Visby als *wisbüü* oder als *wisbii* gesprochen, das muss doch mal deutlich gesagt sein, ich zitiere die Chorleiterin, sie spricht uns von den Unterschieden, als eine, die in Stockholm lebt und hier auf der Insel arbeitet oder umgekehrt, die Grenzen des Wassers und die Grenzen des festen Lands durchdringen einander, es ist Zeit. Beim Kentern der Tide kommt es kurze Zeit zu einem Stillstand der Gezeitenströmung. Und da sieht man kurz auf.

5.1.1.1.1.1 wisbüü

5.1.1.1.1.2 VISBY vis biiiii wisbī

wild wind wissen innen immer ist

ich irgend insel irritieren insistieren nie
niemals nirgends
fisch kissen kiste gries licht

missen wissen nisten sieben
siebte gesiebt innern bissen bist kissen list

liste liste
blister

riss niesen nieseln nieste nieselte
geniessen blind bissen bist
bist bist

blitz trieben blieben stieben hieb
grieben
bringen bürste bücher büchse

rücken zücken stück lücke glück grütze
lüstern früh über üben

4

1. 02. August / Bus 11:18 nach Sudersand und 18:05 zurück.

9.9 Spezifikation dazu.

9.9.1   Sehr still.

9.9.2   (Hier wird weniger an Visby als an die Insel, das Inselhafte gedacht)

9.9.2.1 Spezifizierung dazu, Referenz auf AutorIn, Text. Sprache (Sjöberg? Tarkowskij?)

9.9.2.1.1 Zitat *Mal die eine, mal die andere, am besten aber zu zweit, antwortete Andrej Tarkowskij. Man muss auf das Bild warten.* (Alexander Kluge in *Geschichten vom Kino*)

9.9.2.1.1.1 Etwas von Menschengerüchen, es war sehr heiss, es gab wenig Schatten, es begannen viele zu sein, die warteten. Wir sahen das Buswartehaus, jeder sah es. Buswartehaus, das sahen wir zwei aus der Distanz genau, wie er da sass und wartete. Wir sagten es, wir zwei. Er war der Einzige. Allein im Wartehaus, wartete. Menschen warteten, sie warteten nebenbei, rundum, er war allein, einzig als einer der so sass, wir wunderten uns. Wir sahen ihn, wir sahen ein kleines Gestell, es erwies sich, er erwies sich, das Gestell erwies sich als eines mit Rädern, ein hübscher Rollator, er sass in dessen Nähe, wir wunderten uns ob seines nackten Oberkörpers, niemand anders ging nackt, keiner und keine sassen nackt am Bordstein, wie sie so warteten. Dann kam der Bus. Die Fahrgäste stiessen einander nicht, keiner stiess die andere, der andere stieg zu, wir stiegen zu, wir schwitzten, wir stiegen zu aus dem Schatten des andern Fahrzeugs und gaben das Geld für die Fahrkarte. Manche stiegen durch die hintere Tür zu und setzten sich, vielleicht ging ein kleiner süsser Duft aus vom einen, von der andern, während andere für sie die Fahrkarte lösten. Der Alleinige stieg zu. Er stieg zu mit den Fahrgästen mit dem Rollator sehr mühsam, das sahen wir, wie er nackt war, sahen wir,

bis auf Schuhe und Shorts nackt und gleich
fing etwas an, immer fängt etwas an, und es
begann ein Wundern, ob eines Geruchs,
eines lauten, heftigen Geruchs, eines
unerwarteten Geruchs, war es ein
Menschengeruch, man wunderte sich, sie
wunderten sich, eine begann sich zu
wundern, und fing es gleich an, das
Erkennen setzte ein, dass es nach Scheisse
stank, und war da kein WC es war weder
Männer noch Frauen, im Bus war kein WC
eingebaut, es gab keine Geruchsdispenser, es
gab kleine süsse und bittere heftigere und
sanftere Menschengerüche, es gab und es
war klar, dass er nach Scheisse stank und
trug ein freundlich verlorenes Gesicht zur
Schau und die Shorts hielten nicht gut an
seinem Leib und liessen verschmierte Haut
sehen, man meinte, sich getäuscht zu haben
er fuhr mit im vollen Bus wie wir im vollen
Bus und trug seinen ganz eigenen
Menschengeruch bei bis zur beinah
Endstation es war die zweitletzte, die
vorletzte, die übernächste Station er stieg aus
es war ein unbeholfenes Aussteigen unter
Wehlaut er stieg aus und sein Rollator wurde
nachgereicht ihm zugeschoben und dann wie
wir sass er wenig später am Tisch im offenen
Restaurant wie wir am Tisch am nicht weit
entfernten Tisch im Restaurant und ass und
wir assen und als wir am Strand lagen, legte
auch er sich in naher Entfernung um wenige
Minuten später zu den Liegenden die auch
wir waren in den Sand und mühsam etwas
später mühsam suchte er sich mehrfach aus
dem Sand zu erheben es war ein lächerlich
erhabener Jammer und unter Jammern

gelang es ihm endlich unter stillem
Schmerzgeschrei gestützt am Rollator ging er
wie wir etwas später dann doch holten wir
ihn ein wir gingen an ihm vorbei durch
seinen Menschengeruch an ihm vorbei ging
er sehr langsam und wie wir doch allein zum
Bushalt setzte sich ins Bushäuschen wartete
er bis der Bus kam wie wir in einiger
Entfernung warteten und dann Regen fiel.
Und wie alle und wie wir stieg er zu. Und
mitten in den Bus setzte er sich und sein
Stinken fand seine Fortsetzung in der
Rückfahrt im Bus mitten drin im Bus sass er
für sich unter seinem verloren fast
freundlichen Gesicht dem Wissen
entkommen vielleicht dem Wissen um sich
um den Bus wer kann das sagen im
Ausweichen der Menschen im Kichern und
Lachen der Mädchen im erst viel später als es
noch nicht zu spät war noch vor unsrer
Ankunft noch vor unserer Endstation
abgeholt wurde von Polizistin, Polizist und
Polizist, sie und einer und einer, wer der
Fahrer war die Polizistin vielleicht und das
verlorene Gesicht des einen Mannes, der
nicht zwei war, der uns, die wir gerade dann
zwei waren, entzwei erschien, den andern
Menschengerüchen, namentlich, trug seinen
verschissenen Unterleib trug seinen nicht
erst jetzt vom Hemd verhüllten, den schon,
während er ass verhüllten, den gehüllten
Oberkörper, trug den Rollator, seinen, mit
Hilfe der Polizistin und des einen Polizisten
zum Polizeiwagen er wird dann gewaschen
worden sein und frisch eingekleidet das
geschieht gewöhnlich in solchen Fällen im
Gewitterregen endete sein Ausflug wie auch

unsrer wir trafen uns dann mit der Freundin
nach Versenden von SMS wenig später unter
dem östlichen Torbogen dort wo die Bänke
sind wir redeten weiter und was ist nun
weiter zu den Menschengerüchen zu
überlegen wenn ein Körper wenn es sich um
Nichtkönnen und es ist frische Scheisse
gewiss ist das Scheisse verschissen ist das und
ein Jammer eines nicht sehr alten Manns
und ein Menschenjammer und es sich um
eine hübsche lange Busfahrt eines Manns
unter vielen und dann die Kirchenglocken
etc. und es ein Tag draus geworden ist und
ein Posaunenklingen also Trompetentönen
ist nicht zu hören ist dann zu hören von dort
her und sitze ich im Schatten des
gastfreundlichen Hauses dann ist es still eine
einzelne Stimme ein ganz kleiner Ton ein
winziges Sagen und wie ist das nun und es
ist. Ein Jammer ist's. Schön ist's.

9.9.2.1.2 *Die Ostsee mit ihren neun Anrainerstaaten soll optimal genutzt und gerecht verteilt werden* (Nicolas Escach)

9.9.2.1.2.1.1 Insert „Die Ostsee mit ihren neun Anrainerstaaten soll optimal genutzt und gerecht verteilt werden"

5

1. 03. August / letzter Tag hier es ist Sonntag es soll sehr heiss werden 6 Uhr 57 Kühle.

1.1 es ist Sonntag es soll sehr heiss werden 6 Uhr 57 klares Wetter ich habe meine Notizen nachgetragen vom Vortag.

1.2 Wenn Italo Calvino die unsichtbaren Städte schreibt, sind es die dem Leser unsichtbaren Städte, denn er schreibt und beschreibt sehr wohl im gängigen Sinn Sichtbares; die Figur Kublai Khan (Stelle des Lesers, der Leserin?) wird als blind gesetzt, Marco Polo (Stelle des Autors?) als einer der gesehen hat, was er beschreibt, so behauptet es der Bericht.

1.3 Gestern, der Wodka, er kam über Mirjam Tally von der Komponistin Irina Belowa.

1.3.1 woran dabei gedacht wird

1.3.1.1 Hier wird nicht gewürfelt, hier gibt es nur eine Art Tagebucheinträge.

1.3.1.1.1 Zitat.

1.3.1.1.1.1 Eigener Textversuch.

1.3.1.1.1.1.1 Auszug aus den vorbereitenden Skizzen.

2. 02. August / Sonntag.

2.1 Ich setze mich an den Tisch auf der Terrasse, tue 15 Minuten „nichts", schreibe während 15 Minuten, kein Würfeln zum Ort hin.

2.1.1.1.1 7 Uhr 38, ich trete auf die Terrasse hinaus, sehe eine unsichtbare Stadt Visby in Anlehnung an Italo Calvino vor mir ich beginne die Vogelrufe als Stadt zu hören aus den Baumkronen weit unten die Möwen Dohlen verborgen in den Baumkronen von den Baumkronen die Morgenklänge jetzt gerade 7 Uhr 37 gurren Tauben um 8 Uhr setzt das Glockenspiel ein jetzt um halb 8 ein einzelner Glockenschlag ich beginne die

Atemgeräusche die von den Dächern unter
mir aufsteigen zu zählen die
unterschiedlichen Atemgeräusche ein
einzelnes intermittierendes
Motorengeräusch schlecht lokalisierbar sind
die intermittierenden Motorengeräusche ein
langer Akkordeonton der sich vom Vortag
gehalten hat die Akkordeonklänge in dieser
Stadt halten sich manchmal über Tage es
entsteht ein feines Geflecht aus
Akkordeonlinien in welchem sich die
Abendstimmen verfangen es lassen sich an
einzelnen Akkordeonklangfäden einzelne
Abendstimmen heranziehen ein kleines
Gespräch abhorchen eine kleine Klage ein
Flüstern Lachen Rufen Plaudern ein kleines
Stimmknäuel liegt auf dem Terrassenboden
und bewegt sich in winzigen Sprüngen dann
wieder robbt es auf mich zu vor mir weg und
weg ist es still steht das jeweils abendliche
Waschmaschinenrumpeln gerade jetzt als
wieder von der Kirche her und einige
Schwalbenrufe oder aus oberen Stockwerken
oder die Fähre sich ankündigt verabschiedet
mit tiefem Brummen

6

0.   Nygatan 53 B, SE-62156 Visby.

0.1 Spezifikation dazu

0.1.1   Eine hübsche Freude ist das. Das ist ja eine
grosse Freude.

0.1.1.1 Spezifizierung dazu, Referenz auf AutorIn; Text. Sprache.

0.1.1.1.1 *Wir verkaufen Scherzartikel* (Da war schon einer gestorben, weitere werden gestorben sein, in und um Stockholm, gemäss dem Script zu Roy Anderssons Film aus dem Jahr 2014)

0.1.1.1.1.1 eigener Textversuch

0.1.1.1.2 *Das haben Sie aber nicht getan. Warum nicht.* (Eine Taube sitzt auf einem Zweig in Stockholm, klar, in Stockholm)

0.1.1.1.2.1.1 Insert (diese Ebene kommt bei Roubaud nur 1x vor)

1. 03. August eine Abreise 6 Uhr 20.

1.1 Eine Abreise 6 Uhr 20 die Taxifahrerin beklagt die Hitze. Einchecken für das Fährboot 6 Uhr 30. Abfahrt 7 Uhr 10.

1.1.1.1.1 *Was machen wir denn jetzt hiermit. Es ist bezahlt.* (Aus dem Drehbuch zu Roy Anderssons Film)

1.1.1.1.2 *Es bringt nichts mehr.* (dito)

1.2 Das Meer.
Die Abfahrt.
Fahrt. Frühstück mit Meer.

1.3 Meersicht. Meeresluft. Die Ansicht. Der Film.
Das komplizierte Schöne, ein Meer.
Das Meer ein anderes Mittelmeer etc. eine letzte Präzisierung.
Der Film.
Ankunft in Nynäshamn.
Der grüne Bus.
Die Koffer verstauen.

Der Bus.
Busfahrt nach Stockholm. Landschaft.
Gleich erwischen wir den Bus zum Flughafen.

Eine halbe Stunde vorher.

Drei Stunden später. Eine Stunde nachher.

Vorher. Vorher.

Zuvor. Erfolgte.

1.3.1.1.1 *Muss man denn so spät am Abend über solche Dinge sprechen.*

1.3.2 Als während einer Überfahrt die Zeit lang wird.

1.3.2.1 Als acht Tage früher beim ersten Spaziergang nach der Ankunft mit dem Arlandaexpress im Centralbahnhof die Ohren aufgingen auf ein schwedisches Sprechklingen hin und ein Klima entstand.

1.4 Hotel Elite Adlon / Nähe Central Station / vormerken, notieren.

1.4.1.1.1 *Das reicht. Es ist gut.* (wie gehabt, siehe Script von Roy Andersson)

1.4.1.1.2 *Es freut mich zu hören, dass es Euch gut geht.* (dito)

1.4.1.1.3 *Es freut mich das zu hören, dass es ihm gut geht. Und grüsse ihn von mir.*

1.4.1.1.4 *Na dann, gute Nacht.* (Roy Andersson, *Eine Taube,* Trailer zum Film von 2014)

1.4.1.1.4.1 eigener Textversuch

1.4.1.1.4.1.1 Nein.

1.5 Fahrt durch Stockholm.
Die Stadt.
Die Landschaft.
Der Friedhof.

1.5.1 woran dabei gedacht wird

1.5.1.1 Spezifizierung dazu.

1.5.1.1.1 *Ist gar nicht wahr. So bin ich gegangen.* (Roy Andersson, Drehbuch bzw. Trailer)

1.5.1.1.2 *Ein Produkt, das sich zurzeit gut verkauft und schon lange gut geht, sind unsere Vampirzähne.* (Eine Taube sitzt auf einem Zweig und denkt über das Leben nach)

1.5.1.1.2.1 Eigener Textversuch

1.5.1.1.2.1.1 (diese Ebene kommt bei Roubaud nur 1x vor)

1.6 Die Ortstafeln.

1.6.1 woran dabei gedacht wird

1.6.1.1 Spezifizierung dazu, Referenz auf Wetterbezeichnungen; Zimmer; Merkheft; auf Rosinenkönig; liegen lassen; Text; Sprache; eine Kunst zu fliehen etc.

1.6.1.1.1 *Das haben Sie aber nicht getan?*

1.6.1.1.2 *Was machen Sie denn beruflich.* (denkt über das Leben nach)

1.6.1.1.3 *Es freut mich zu hören, dass es Euch gut geht.* (sitzt auf einem Zweig und)

1.6.1.1.3.1 Eigener Textversuch

1.6.1.1.3.1.1 Wieso?

1.7 Der Flughafen.
Ankunft am Flughafen.

Das Warten. Die Möglichkeit einzuchecken.

Der Flug.
Der Flug.
Die Ankunft.

1.7.1 woran dabei gedacht wird

1.7.1.1 Sprechweise, Dokument; etc. siehe Sjöberg in der Übersetzung von Paul Berf, schon abgereist.

1.7.1.1.1 *Wir sind in der Unterhaltungsbranche.*

1.7.1.1.2 *Man darf in den Himmel keine Tasche mitnehmen.* (Eine Taube in Stockholm, Situation Naturhistorisches Museum, nein, das war in einer späteren Einstellung gewesen)

1.7.1.1.2.1 Während der Überfahrt hatte die Komponistin und Pianistin Margrit Schenker, wir hatten die Reise zusammen geplant und unternommen, ihr Reiseakkordeon, das sie wegen seines geringeren Gewichts liebte, dessen Klangfarben mir als erstaunlich bunte nachgingen, neben sich auf der gepolsterten Bank, sich um das Instrument sorgend, gerade abgestellt, als an allen Bildschirmen an diesem und auch wohl am oberen Deck, von Werbung für die eben verlassene Insel Gotland gleich wieder unterbrochen, vielleicht ein Trailer, doch das erwies sich im Nachhinein als unmöglich, war doch der Film erst einige Monate später erst, wie ich nun weiss, fertiggestellt lanciert worden, Aufnahmen von Dreharbeiten aufschienen, eine Szene, spielend auf offensichtlich genau der Fähre, auf der wir uns befanden für die

Rückreise, ein Mann, wartend am Tresen, gerade, schien es, sollte er nach seinem Mittagessen greifen, das die Bedienerin hinzustellen sich anschickte, während der Blick der Komponistin parallel zu meinem Blick auf den Bildschirm über eben jenem Tresen fiel, wir uns erzählten, was wir sahen bei auf Stumm geschaltetem Ton, sitzend auf der geschwungenen Sitzbank, auch die an der Bar auf ein Frühstück wartenden Fahrgäste im Blick, der Mann ein Schauspieler, im Fokus mehrerer Kameras, als Figur nicht wissend vom gerade bevorstehenden tödlichen Zusammenbrechen seiner Körperfunktionen, von dem der Mann als Schauspieler zu wissen hatte, als fiktionalem, von Script vorgeschriebenen, um ihn in Szene zu setzen, man sah jemanden zusammensacken, die Beauftragten waren, so die Vorgabe im Skript, schnell zu Stelle. Nächster Werbeblock. Was aber geschah dann mit dem bestellten und auch schon bezahlten Gericht, das vor dem Einbruch der Werbung etc.

1.8 Es gibt bloss ein paar wenige Fotos vom Schiff.

1.8.1.1.1 *Das ist eine Übereinkunft, dass Sie eine Abrechnung vorzulegen haben. Monatlich.*

1.8.2 Woran dabei gedacht wird.

1.8.2.1 Und in welcher Sprache? Es gibt die Untertitel. Es gibt die Stimmlagen. Es gibt die synchronisierte Fassung. Die Stimmlagen und Stimmungen sind nicht zu übertragen

1.8.2.1.1 *Ich mache mir ernste Sorgen um dich.* (Roy Andersson)

1.8.2.1.2 *Es gibt hier Leute, die morgen früh arbeiten müssen. (Eine Taube sitzt auf einem Zweig und denkt über das Leben nach* Film von Roy Andersson, Herbst 2014)

z

1. **Fragment eines Standortes?**

1.1 Spezifikation dazu?

1.1.1 woran dabei gedacht wird?

1.1.1.1 Spezifizierung dazu, Referenz auf AutorIn, Text. Sprache?

1.1.1.1.1 „Zitat": !

1.1.1.1.1.1 eigener Textversuch!

1.1.1.1.1.1.1 Insert? Insert!

Visby und Zürich 25. Juli 2014 bis 1. Juni 2017

Anmerkungen

[1] Abgeleitet aus Jacques Roubaud, tokyo infra-ordinaire, Le Tripode, 2014, der sich dafür seinerseits von Vorgefundenem liess: „La maquette des pages intérieures s'inspire de celle dessinée par les élèves de l'école Estienne pour *Ode à la ligne 29 des autobus parisiens.*

[2] Die Hough-Transformation (Sprechweise [hʌf]) ist ein robustes globales Verfahren zur Erkennung von Geraden, Kreisen oder beliebigen anderen parametrisierbaren geometrischen Figuren in einem binären Gradientenbild, also einem Schwarz-Weiß-Bild, nach einer Kantenerkennung. Zur Erkennung von geometrischen Objekten wird ein Dualraum erschaffen (speziell: Parameterraum, Hough-Raum), in den für jeden Punkt im Bild, der auf einer Kante liegt, alle möglichen Parameter der zu findenden Figur im Dualraum eingetragen werden. Jeder Punkt im Dualraum entspricht damit einem geometrischen Objekt im Bildraum. Das Verfahren wurde 1962 von Paul V. C. Hough unter dem Namen „Method and Means for Recognizing Complex Patterns" patentiert. (Wikipedia)

Nachwort

jede reale stadt hat eine vielzahl von fiktionen.
Waltraud Seidlhofer

An mehreren Stellen ihres Visby-Textes erwähnt Elisabeth Wandeler-Deck Italo Calvinos Roman *Die unsichtbaren Städte*. Das 1972 erschienene Buch ist eigentlich kein Roman, wenn es auch eine Art Rahmenhandlung – Marco Polos Gespräch mit Kublai Khan – gibt, welche die Serie von Stadtbeschreibungen für den blinden Herrscher motiviert. Da gibt es eine Stadt, die auf Pfählen erbaut ist, obwohl sie gar nicht im Wasser oder auf sumpfigem Untergrund steht; eine, in der es weder Wände noch Decken oder Fußböden gibt; eine andere, die nur aus Peripherie besteht und eines Zentrums entbehrt. Bei letzterer könnte man auch an Wandeler-Decks »Sihlbrugg« aus dem Buch *Da liegt noch ihr Schal* denken oder an ihr Nachdenken über »Ränder«, motiviert vom Leben am Stadtrand Zürichs. Wir lesen: »7 Uhr 38, ich trete auf die Terrasse hinaus, sehe eine unsichtbare Stadt Visby in Anlehnung an Italo Calvino vor mir (…)«.

Die paradoxe Formulierung, der *Anblick* des Unsichtbaren, verweist auf die Fiktionalität eines Textes, der sich über weite Strecken doch geradezu protokollarisch an den visuellen Oberflächen, auch an der Soundscape des Städtchens auf der schwedischen Insel Gotland abarbeitet. Waltraud Seidlhofer, deren Buch *Singapur oder der Lauf der Dinge* neben Texten von Jacques Roubaud und anderen im Hintergrund von Wandeler-Decks Arbeit steht, gibt in »staedte. eine sammlung« (enthalten in dem Band *zeit. staedte. spiel*) entscheidende Hinweise. »es gibt reale, fiktive und irreale staedte.« Schreibt Seidlhofer. »reale staedte sind staedte, die existiert haben, existieren oder /zieht man die zeitlinien in betracht/ existieren werden.« Und fügt hinzu: »durch die beschreibung wird eine stadt eo ipso fiktiv. sowohl die reale als auch die irreale stadt verwandelt sich durch beschreibung in eine fiktive stadt. die reale stadt kann nicht beschrieben bzw. durch ein anderes medium wiedergegeben werden. ihre realitaet ist die summe aller ihrer erscheinungsformen in einem bestimmten augenblick.«

»Ich beschliesse, möglichst alle Parkbänke in der Stadt Visby fotografisch zu dokumentieren.« Lesen wir bei Elisabeth Wandeler-Deck. Der Leser erfährt nicht, ob die Autorin dieses Projekt tatsächlich umgesetzt hat. Dieter Roth hatte sich einmal – vor vielen Jahren, als Reykjavík noch wesentlich kleiner war als heute – die Aufgabe gestellt, alle Häuser der isländischen Hauptstadt zu photographieren. Nur mit Helfern konnte er die Serie von nicht weniger als 31.000 Dias erstellen. Aber selbst angesichts dieser ausufernden Dokumentation, der nach Jahrzehnten immerhin stadthistorische Bedeutung zugewachsen ist, kann man sich die Frage stellen, inwieweit eine Stadt auf diese Weise überhaupt erfaßt werden kann und ob sich das Entscheidende, das, was eine Stadt ausmacht – was wäre das? –, nicht hinter den Fassaden abspielt. Für einen Architekturhistoriker mag die Diaserie vielleicht eine befriedigende Datenbasis darstellen.

Nun taugt aber Reykjavík – und noch weniger Visby – schwerlich als Beispiel für das Dickicht der modernen Großstädte, welche für die Literatur eine Herausforderung, oft auch eine Überforderung darstellen; eher würde man in diesem Zusammenhang an Seidlhofers Singapur denken oder an Roubauds Tokio. Und doch weist selbst das beschauliche Visby mit seinen denkmalgeschützen Mauern und Türmen einen Grad an Komplexität auf, aus der sich weitreichende Fragen und vielfältige Anforderungen ergeben, wenn eine Autorin sich ernsthaft auf diese Komplexität einläßt und die Stadt nicht bloß als

»Schauplatz«, als Kolorität zur Beglaubigung realistischer erzählerischer Konventionen – ich bin fast geneigt zu sagen: mißbraucht. Die Stadtliteratur jenseits der Romanschauplätze ist nur ein schmaler Seitenweg in der deutschsprachigen Literatur (neben Seidlhofer könnte man an Bücher wie Bodo Hells *Stadtschrift* oder Paul Wührs *Gegenmünchen* denken); kein Wunder also, daß Elisabeth Wandeler-Deck in die romanischen Literaturen blickt. Die an sie gerichtete Frage, welche Bedeutung ihre Ausbildung als Architektin für ihr Schreiben habe, zitiert sie in ihrem Text, ohne sie zu beantworten. Bzw. der Text liefert doch einiges Material für eine mögliche Antwort.

Mehrmals ist die Rede von der »Fiktion einer Erinnerung an Visby«. Dabei beginnt alles wohlgeordnet, protokollarisch, mit dem Ausgangspunkt der Reise, Zürich-Affoltern, genauer Adresse und Uhrzeit. Im Zuge der Reisevorbereitungen muß ein Koffer aus dem Keller geholt werden. Das ist für die Autorin Anlaß, die Architektur der Räumlichkeiten exakt zu beschreiben. Würde sie so weitermachen, sie würde die 100 Seiten, die ihr Visby-Buch umfaßt, schon gefüllt haben, ehe die Insel auch nur erreicht ist. Sie macht aber nicht so weiter: »(...) es könnte nun eine Beschreibung folgen, doch wovon. Welcher Dinge. Da liegt manches vor, womit sich die Beschreibung befassen könnte.« Festgestellt wird das zu einem Zeitpunkt, zu dem die »Erzählerin« sich noch daheim in Zürich befindet. Zur Vorbereitung der Reise muß eine Liste erstellt werden. Die Liste ist darüber hinaus die Form, die Reise, Visby, das dort gesammelte Material in den Griff zu bekommen – oder es eben lieber doch nicht in den Griff zu bekommen, zumindest nicht so, wie es für viele naheliegender wäre und durch Konventionen abgesichert. »Die Liste gibt Zwischenräume frei«, sagt Elisabeth Wandeler-Deck zu dieser Methode und zitiert Margret Kreidl, die in ihrem Buch *Zitate, Zikaden* sagt: »Die Collage gibt

Zwischenräume frei. Sie zerstört jedes thematisch vorformulierte Programm.« Eine Liste enthält auch die Begriffe »Erzählinseln, Erzählflüsse, Erzählpodeste, Erzähltreppen, Erzählschäume, Erzählwolken, Erzählblitze, Erzählteppiche, Erzählstühle, Erzählräder, Erzählfähren, Erzählbäume, Erzählrhizome, Erzählmikroludien, Erzähltriller.«

Nun, es gibt in *Visby infra-ordinaire* ja den linear nachvollziehbaren Ablauf einer Reise, der vom Keller in Zürich-Affoltern, über den Zürcher Flughafen und Stockholm auf die Insel Gotland führt – eine Reise, die gemeinsam mit der Komponistin Margrit Schenker unternommen wird, um in Schweden zu kooperieren. Es gibt in *Visby ein Baltic Centre for Writers and Translators*, und es gibt ein *Visby International Centre for Composers*; das sind die beiden Pole, zwischen denen sich die Zusammenarbeit – auch räumlich – abspielt. Auch in Visby verortet sich die Autorin zunächst einmal genau (Datum, Uhrzeit usf.): »Das Zimmer. Die Fensteröffnung. Die Fensteröffnung. Die Lüftungsschlitze unterhalb des Fensterbretts, ein Schieber, ein Schlitz und ein Schieber, später erweisen sie sich als typisch für Gebäude aus dem 19. Jahrhundert, dies ist eine Behauptung im Nachhinein.« Die Listen sind ein Mittel, Chaos in die Ordnung des Protokolls zu bringen. In Anlehnung an Jacques Roubaud ist der Text in Kapiteln, Punkten und Unterpunkten, noch dazu in unterschiedlichen Farben, strukturiert, die ihm etwas Traktatartiges geben; Mimikry an wissenschaftliche Exaktheit, die auf diese Weise aber doch gerade aufgebrochen wird. Möglichst viele Zwischenräume sollen eingebaut werden. Eine Spannung zwischen diesem scheinbaren Mehr an Struktur und der Öffnung der Versuchsanordnung des Textes, die dadurch erreicht wird, durchzieht die ganze Arbeit, welche die Reflexion ihrer Produktionsbedingungen vor den Augen des Lesers austrägt: »Ich werde mir erlauben, die Notizen im Nachhinein zu erweitern um Einfälle, um Zitate, etc., diese in anderer Schrift kennzeichnen möglicherweise oder die veränderte Passage unter das dann neue Datum zu nehmen, auch das vielleicht interessant, sage ich zu M. (oder S. oder Sch.)«

Die an Liste und Traktat ausgerichtete Form des Textes ist das eine. Eine weitere Methode, Chaos in die Ordnung einer gut geplanten Reise, der zunächst wenig Abenteuerliches anhaftet, zu bringen, ist die Einbeziehung des Zufalls – sozusagen traditionsbewußt modern als *Coup de Dés*. Gerd Zacher – der Organist und Komponist, der sich als Interpret intensiv mit den Konzeptionen von John Cage befaßt hat – verwies gerne auf die mathematische Definition des Zufalls durch den französischen Mathematiker Henri Poincaré: »Zufall ist das Maß der menschlichen Unkenntnis.« Daraus ergibt sich auch das Spannungsverhältnis zwischen den strengen, den Zufall erst ermöglichenden Versuchsanordnungen und der im guten Fall befreienden Wirkung, die das nicht Geplante haben kann. Zacher hielt Zufallsoperationen für hilfreich, um dieses »Reich der menschlichen Unkenntnis ein klein wenig zu verkleinern«. Der Komponist gibt dem Zufall die Chance, sich zu ereignen. Wie eine Ermunterung wird im Visby-Text an einer Stelle auch Chris Bezzel mit seinem Verweis auf Novalis zitiert: »alle zufälle sind materialien, aus denen wir machen können, was wir wollen.«

Elisabeth Wandeler-Deck und Margrit Schenker vertrauen bei ihrer Lektüre der Stadt dem Zufall und »erwürfeln« sich Visby – eine an die psychogeographischen Experimente der Situationisten gemahnende Methode, gewissermaßen einen Keil in die geläufige, wie von selbst funktionierende Praxis zu treiben, mit der wir uns in einer durchschnittlichen europäischen Stadt – sei es in Winterthur, in Budweis oder eben in Visby – aufgrund unseres Vorwissens und unserer Erfahrung meist mühelos orientieren können. Eine gerade Augenzahl bedeutet: nach rechts abbiegen; eine ungerade nach links. Mit einem Würfelwurf wird auch bestimmt, wieviele Blöcke man der Straße zu folgen hat. Ist der neue Standort dann erreicht, geht es um »Materialgewinnung«; Notizen und Photos werden gemacht, mit Klängen und mit Text improvisiert. Oder ein »Würfelgedicht« entsteht: »Bei einem Würfelgedicht entsteht die erste Zeile zwischen zwei Würfelwürfen. Diese wird am Zielort des vorhergehenden Würfelwurfs niedergeschrieben. Die folgende Zeile bildet sich auf dem Weg zum Zielort des eben vollzogenen Würfelwurfs. Diese wiederum wird transkribiert nach Erreichen des neuen Ziels. Nie wird während des Gehens notiert. Der letzte Vers entsteht während der letzten gewürfelten Etappe.«

Das »Würfelgedicht« zeigt vielleicht auf besonders prägnante Weise, wie Textgenese und die Wahrnehmung von Räumen, die Bewegung im städtischen Raum sich bei Elisabeth Wandeler-Deck durchdringen und auch auf einer abstrakten Strukturebene wirksam sind. Dabei geht es längst nicht mehr nur um Beschreibungsmodelle und ihre Problematisierung. Ein »Formangebot« kann auch der »Tagesablauf mit seinen Zeitspannen« sein. Hier kommen dann auch die »Zeitkunst« Musik und die Musikerin Wandeler-Deck mit ihren einschlägigen Erfahrungen ins Spiel. »Das Meer: das nicht mehr Tag noch Nacht ist sondern Zeit«, wird Wolfgang Hilbig zitiert. Für ihre experimentellen Bewegungen im Raum, die meist mit Besäufnissen in irgendwelchen Kneipen endeten, haben die Situationisten den schwer übersetzbaren Begriff *dérive* gewählt, also abweichen, abdriften. *Visby infra-ordinaire* stellt sich insgesamt als eine Abdrift-Bewegung dar – immer wieder neu und von unterschiedlichen Standpunkten aus. An Bord der Fähre, die ihr Ziel freilich zuverlässig erreichen wird, stellen sich Gedanken an den nautischen Begriff ›Abdrift‹ bzw. ›Abtrift‹ ein: »Abtrift / treiben als Textgenerator«. Ein besonderer Reiz besteht nun darin, daß in dem Visby-Text im Gegensatz zu manch anderen Prosaarbeiten von Elisabeth Wandeler-Deck der reale Erfahrungshintergrund als Reisebericht mit ausgestellt wird und es dem Leser erlaubt, die Abdrift-Bewegungen gleichsam in ihrem Vollzug und in ihrer Gesamtheit, direkt vom jeweiligen Standpunkt aus, nachvollziehen zu können, nachzuvollziehen, wo sich Zitate an welchen Realien anlagern, etwa an Tagen, an denen die Sonne genau um 21.10 h untergeht. Waltraud Seidlhofer sagt: »beschreibt ein schriftsteller eine stadt, verwandelt er eine objektiv reale stadt durch eben diese beschreibung in eine objektiv fiktive stadt. (…) im augenblick des beschreibens verwandelt sich eine objektiv reale stadt in eine subjektiv reale, ist sie dann auf dem papier tatsächlich beschrieben, wird sie zur objektiv fiktiven stadt. dadurch, dass ein leser diese beschreibung liest, verwandelt sich die objektiv fiktive stadt automatisch in eine subjektiv fiktive.«

Florian Neuner

ELISABETH WANDELER-DECK (*1939) studierte zunächst an der ETH Zürich Architektur und einige Jahre später an der Universität Soziologie und Klinische Psychologie. Seit 1975/76 widmet sie sich zunehmend ihrer schriftstellerischen Tätigkeit. Mit ihrem anarchischen Schreibansatz öffnet sie sich immer wieder ganz unterschiedliche thematische Felder. Gekonnt gelingt ihr eine einzigartige Verknüpfung von Text um Musik - im Rhythmus der eigenen Texte ebenso wie bei Lesungen, wenn beispielsweise Vorleserstimme und Musikinstrumente eine untrennbare Symbiose eingehen. Auswahl Publikationen: „Da liegt noch ihr Schal" (Prosa 2009); „ANFÄNGE ANFANGEN, gefolgt von UND" (Lyrik 2012); „Beharrlicher Anfang – doch doch sie singt" (Hörstück 2012); „Ein Fonduekoch geworden sein" (Prosa 2013); „Das Heimweh der Meeresschildkröten – Heterotopien der Nacht" (Prosa 2015); „arioso – archive des zukommens" (Lyrik 2016).

FLORIAN NEUNER wurde 1972 in Wels/Oberösterreich geboren und lebt als Schriftsteller und Journalist in Berlin. Gemeinsam mit Ralph Klever gibt er die Zeitschrift *Idiome. Hefte für Neue Prosa* heraus. Jüngste Publikation: *Drei Tote* (Ostheim/Rhön: Verlag Peter Engstler 2017.

edition taberna kritika
Neuerscheinungen 2017/18

Elke Heinemann
Fehlversuche
ISBN 978-3-905846-47-8

René Hamann
Die Suche nach dem Glam
ISBN 978-3-905846-46-1

Derek Beaulieu
Konzeptuelle Arbeiten
ISBN 978-3-905846-45-4

Christian de Simoni
Das Rigilied
ISBN: 978-3-905846-44-7

Hartmut Abendschein
nicht begonnenes fortsetzen
ISBN 978-3-905846-43-0

Christina C. Messner
to shake shake shake
ISBN 978-3-905846-42-3

Ausführliche Informationen über unsere
Neuerscheinungen und das Gesamtprogramm finden Sie im
Internet unter http://www.etkbooks.com
edition taberna kritika
Gutenbergstrasse 47
CH - 3011 Bern
Tel.: +41 (0) 33 534 9 308
info@etkbooks.com | http://www.etkbooks.com